W0034233

# 30 Stunden Latein

## für Anfänger

VON

DR. GEORG RATHKE

# LANGENSCHEIDT

BERLIN · MÜNCHEN · WIEN · ZÜRICH · NEW YORK

*Titelfoto: Image Bank*

| *Auflage*: | 31. | 30. | 29. | 28. | 27. | *Letzte Zahlen* |
| *Jahr*: | 02 | 01 | 2000 | 1999 | 98 | *maßgeblich* |

*Copyright 1952, 1990 by Langenscheidt KG, Verlagsbuchhandlung,*
*Berlin und München*
*Druck*: *Druckhaus Langenscheidt, Berlin-Schöneberg*
*Printed in Germany | ISBN 3-468-28200-1*

# Zweck und Inhalt der Sprachlehre

„30 Stunden Latein für Anfänger" — 30 Stunden ist hier nicht als Zeitbegriff zu werten, sondern gleichbedeutend mit 30 Lektionen — nimmt in der Reihe „Langenscheidts Kurz-lehrbücher" insofern eine Sonderstellung ein, als es nicht seine Aufgabe darin sieht, das Latein-s p r e c h e n zu vermitteln; der Lehrgang führt vielmehr in die S c h r i f t-sprache ein, nicht nur mit dem Ziel einer Einführung überhaupt, sondern auch mit der Absicht, das Studium römischer Schriftwerke zu ermöglichen.

Der Verfasser wendet sich ebensosehr an Anfänger — selbst solche, die noch gar keine Fremdsprache gelernt haben — wie an andere, die einmal Latein getrieben, dann aber sehr viel davon vergessen haben und nun beabsichtigen, sich in anderer Art als einst auf der Schule wieder hineinzufinden. Daß sie hierbei gleichzeitig Einblicke in bisher unbekannte Zusam-menhänge sprachlicher Art gewinnen können, sei nur am Rande bemerkt.

Er wendet sich auch an Studierende der Philosophischen (Anglisten, Romanisten, Slawisten, Historiker), Juristischen, Theologischen, Naturwissenschaftlichen und Medizinischen Fakultät einschließlich Pharmazeuten, die lateinische Grund-kenntnisse brauchen, um ihr Fach ordnungsgemäß studieren zu können.

Der Lehrgang geht durchweg von lateinischen Original-texten aus — anfangs etwas erleichtert und verkürzt —, um gleich eine Erzählung zu bieten statt der Einzelsätze, mit denen der Schulunterricht zu beginnen pflegt. U. a. bringt er fortlaufend Sprichwörter, Zitate, Redensarten und anderes Sprachgut, das sich bis auf den heutigen Tag in der deutschen Literatur und Sprache lebendig gehalten hat. Der Verfasser hat jahrelang in Hochschulkursen nach dieser Methode ge-arbeitet und eine beträchtliche Zahl von Studierenden zur Lateinprüfung, dem sogen. Latinum, geführt. Dabei hat sich herausgestellt, daß die ständige Verknüpfung des Altertums mit dem Nachleben in der Gegenwart besonders begrüßt und geschätzt wurde.

Neben dem nachfolgenden Inhaltsverzeichnis erleichtert auch der „Sachweiser" auf Seite 112 das schnelle Auffinden jeder gewünschten Stelle des Buches.

Die Notwendigkeit, ein gutes, aber preiswertes lateinisches Wörterbuch zum Studium heranzuziehen, wird sich früher oder später bemerkbar machen. Interessenten seien auf das im Langenscheidt-Verlag erscheinende Taschenwörterbuch (Lateinisch-Deutsch und Deutsch-Lateinisch) hingewiesen. Höheren Anforderungen entspricht das im gleichen Verlag erschienene Großwörterbuch Latein (Menge-Güthling).

# Inhaltsverzeichnis

Die A-Texte sind in den Lektionen 1 bis 28 dem I. Buch des Livius entnommen, die B-Übungen enthalten vielfach Aussprüche berühmter Römer, von denen viele bis auf den heutigen Tag noch fortleben.

# Einteilung der Lateinstunden

Jede der 30 Lektionen beginnt unter A mit einem lateinischen Text, der in Stunde 1 bis 28 aus Livius' Werk „ab urbe condita" (von Gründung der Stadt an) entnommen ist. Hierbei ist Sorge getragen, daß sich nicht zu viele Schwierigkeiten häufen. Um den Anfängern das Eindringen zu erleichtern, sind unter dem Text die Vokabeln in der Reihenfolge ihres Vorkommens verzeichnet, oft unter Heranziehung stammverwandter Wörter.

Unter B folgen Übungen in Einzelsätzen, die unter Benutzung des Wortschatzes des Abschnitts A das dort Gebotene abwandeln und Beispiele für das grammatische Pensum desselben Stückes einüben. Mitunter bringen sie auch das im vorangegangenen Stück Gelernte in neuer Form oder belegen den unter C gebotenen grammatischen Stoff mit neuen Beispielen; auch hier folgen Vokabeln; denn jeder Text, hier also der Liviustext, ist in seinem Vokabelschatz etwas einseitig, so daß eine Ergänzung aus anderem Schrifttum notwendig ist.

Unter C wird, mit Leichtem beginnend, der grammatische Lehrstoff geboten, der im Lateinischen an Formen besonders reich ist. Es ergibt sich fortschreitend eine kurzgefaßte vollständige Formenlehre. Neben den lateinischen sind die deutschen Deklinationen und Konjugationen verzeichnet.

Die D-Abschnitte bringen das Wichtigste aus der Satzlehre, nicht systematisch aufgebaut oder auf das Übersetzen ins Lateinische eingerichtet, sondern der Bezwingung der Texte dienend.

Die Formenlehre baut sich von Lektion zu Lektion systematisch auf. Der Liviustext ließ sich so einrichten, daß mit den klangvollen, deutlich ins Ohr fallenden Formen der ersten beiden Deklinationen und Konjugationen begonnen wird. Aber die schwierigere 3. Deklination, die die wertvollsten Grundwörter liefert, tritt schon in Stunde 5 auf und die 3. Konjugation ab Stunde 7.

Wie in jeder Sprache, müssen auch, um ins Lateinische einzudringen, Vokabeln gelernt werden. Die Aneignung des Wortschatzes fällt dem leichter, der die sprachlichen Erklärungen und Zusammenhänge auszunutzen versteht. Mit Hinweisen ist nicht gespart, besonders werden „Hilfen" und „Anknüpfungen" hinter den Vokabel- und Verbreihen gegeben, wobei mehrfach ganze Sippengemeinschaften zusammengestellt sind.

Den Verben der 3. Konjugation ist besondere Sorgfalt gewidmet. Da sie überwiegend von Wortwurzeln (s. S. 1) gebildet sind, ergaben die „Anknüpfungen" von Stunde 8 ab unter C eine Fülle leicht zu lernender Vokabeln oder dienten der Befestigung bereits gelernter Wörter. Fortgesetzte Hinweise auf Lauterscheinungen sollen ebenfalls das Vokabellernen erleichtern.

Wie leicht im Grunde genommen lateinische Vokabeln angeeignet werden können, zeigen die etwa 80 Vokabeln, die in dem Abschnitt „Zur Einführung" auf Seite 1 vorkommen. Sie werden vom Anfänger als gar nichts Fremdes, ja vielfach geradezu als etwas Bekanntes empfunden werden.

Überhaupt ist, wo sprachwissenschaftliche Erkenntnis das Erlernen erleichtert, diese herangezogen, so daß hier Studierende der neueren Sprachen eine willkommene Ergänzung zu ihrem besonderen Studium finden.

Wenn in den Lektionen 29 und 30 unter A andere Prosa, ja Gedichte geboten werden, so geschieht es, um bei dem Leser das Bewußtsein zu erwecken, daß er nach diesem Kursus unbedenklich an andere Lektüre herangehen kann.

# Von der lateinischen Sprache

Durch die vergleichende Sprachforschung ist die lateinische Sprache nachgewiesen als ein Glied in der Kette der indogermanischen (indoeuropäischen) Sprachen. Sie ist nicht nach den Römern genannt, sondern nach den Latinern (Latini), in deren Landschaft Latium die Stadt Rom nur ein Teil war. Ihre Entwicklung können wir über 2¹/₂ Jahrtausende verfolgen. Aus der indogermanischen Ursprache hervorgewachsen, hat sie sich wie die anderen indogermanischen Sprachen, die der Inder, Perser, Griechen, Kelten, Germanen und Slaven zu ihrer Eigenart entwickelt.

Mit der Entwicklung der Stadtgemeinde Rom zu einem erst Mittelitalien, dann ganz Italien umfassenden Reich, endlich zum Weltreich des Mittelmeeres, hat sie sich allmählich ungeheuer verbreitet, bis sie schließlich im ganzen Imperium Romanum verstanden wurde. Als das Römische Kaiserreich im Jahre 395 in zwei Teile zerfiel, in das Ost- und Weströmische Reich, herrschte Latein im Westreich, während im Ostreich das Latein der Verwaltung und der Soldaten schwand und das Griechische die alleinige Vorherrschaft antrat.

Zunehmende Völkermischung, zumal im Zuge der Völkerwanderung, führte zur Entwicklung von Volkssprachen, die, auf dem Latein fußend, ihre eigenen Wege gingen: die sogenannten romanischen Sprachen (Portugiesisch, Spanisch, Französisch, Rhätoromanisch, Italienisch, Rumänisch). Daneben erhielt sich aber die Schriftsprache, die in den Zeiten Cäsars und Ciceros eine hochgezüchtete, formvollendete Ausdrucksweise entwickelt hatte, in ständiger Ablösung der Stilarten weiter lebend, bis hin zum wissenschaftlichen Latein der Reformations- und Neuzeit. Für Wissenschaft und Kirche blieb das Schriftlatein internationales Verständigungsmittel. Päpstliche Erlasse, die für die gesamte Römisch-katholische Kirche bestimmt sind, werden noch heute lateinisch geschrieben; auch sind die Namen von Pflanzen und Tieren, auch anatomische Begriffe und Arzeneinamen lateinisch gehalten, wenn auch teilweise unter größerer oder geringerer Beimischung von Griechisch.

### Die lateinischen Buchstaben und ihre Aussprache

Was wir heute als Antiqua bezeichnen, ist im wesentlichen das alte lateinische Alphabet der Römer; sie übernahmen auf dem Wege über Süditalien die Semitisch-Griechische Buchstabenschrift, wie aus der Reihenfolge des Alphabets und aus den Namen der Buchstaben einwandfrei hervorgeht.

Das lateinische Alphabet weist folgende Buchstaben auf:

A a  B b  C c  D d  E e  F f  G g  H h  I i  K k  L l  M m
N n  O o  P p  Q q  R r  S s  T t  U u  V v  X x  Y y  Z z.

Es fehlen also im Vergleich mit unserm Alphabet die Buchstaben J j und W w. Von obigen 24 Zeichen kommen im Latein das y und z (stimmhaftes s) nur in Fremdwörtern vor, die aus dem Griechischen übernommen waren.

Buchstabe K k ist beschränkt auf den Vornamen „Kaeso" und den Monatsersten „Kalendae"; sonst wird für den Laut k ein c geschrieben.

## Aussprache

Im allgemeinen deckt sich die lateinische Aussprache mit der deutschen; an Besonderheiten sind zu merken:

**Vokale:** a, e, i, o, u und y = ü werden wie im Deutschen gesprochen, i im Anlaut und zwischen Vokalen als j: ius (Recht) = jus, Pompeius = Pompejus.

**Diphthonge:** ae = ä. insulae = (Inseln) gesprochen insulä.

au = au. nauta (Schiffer), plaustrum (Wagen).

eu = eu ist sehr selten, es ist wahrscheinlich, daß das Wort neutrum (= keins von beiden) dreisilbig gesprochen wurde, also ne-u-trum.

oe = ö. Poenus (Punier = Karthager), poena (Strafe), foedus (häßlich) werden pönus, pöna, födus gesprochen.

**Konsonanten:** c wurde früher in lateinischen Wörtern auf der Schule und in der Universität als z, also Sizilia, vor a, o, u aber abweichend als k gesprochen, z. B. incola = inkola. Dann besann man sich darauf, daß die Römer in den republikanischen Zeiten und den ersten Jahrhunderten der Kaiserzeit durchweg k gesprochen haben. Man begann daher diese Aussprache zu lehren, die sich jetzt in Deutschland immer mehr durchsetzt, zumal auf den Schulen fast nur Schriftsteller jener Jahrhunderte gelesen werden, in denen kä-, ke-, ki-, in den Silben cäe-, ce-, ci- gesprochen wurde. In der deutschen Sprache außerhalb der lateinischen Texte ist die Aussprache mit Z, also Zäsar, Zizero weiterhin die gebräuchliche, auch die Historiker pflegen diese Aussprache.

ch wurde k gesprochen: pulcher (schön): pulker.

Über anlautendes h waren die Römer selbst sich nicht immer klar, da es sehr schwach artikuliert wurde; wo ein Wort mit h anlautete, schwand dieses bald, z. B. hanser = Gans wurde zu anser, holus = Kohl zu olus. Der Versuch einer Wiederherstellung des h in Cäsars Zeiten verführte dazu, ein h auch da zu sprechen, wo es gar nicht hingehörte (sogenannte Überentäußerung), eine ähnliche Erscheinung, wie wenn wir einem Kinde verbieten j statt g zu sprechen, und es sagt schließlich im Übereifer geder statt jeder. So sprach denn mancher Römer, um fein und gebildet zu erscheinen, herus und humerus statt, wie es richtig war, erus (= Herr) und umerus (= Schulter).

s wird — nicht nur im Anlaut — scharf oder, wie die Wissenschaft sagt, stimmlos gesprochen. Ein stimmhaftes s wie im Worte sausen kommt lateinisch nicht vor.

sch Aussprache sk: schola = Schule sprich skola.

sp und st werden getrennt gesprochen und nicht mit dem in den meisten Gegenden Deutschlands üblichen Zwischenlaut zwischen s und sch, für den wir keinen besonderen Buchstaben entwickelt haben.

ti- vor Vokalen wurde in Weiterentwicklung der lateinischen Aussprache zi- gesprochen, was im Deutschen zur Aussprache Nazjon, Horaz führte und in den anderen modernen Sprachen ähnliche Ergebnisse hatte. Diese zi-Aussprache vermeiden wir heute und sprechen in Lateintexten jetzt Ho-ra-ti-us und na-ti-o-nis = der Nation, des Volkes.

v wird wie deutsches w gesprochen.

x — entstanden aus c+s, g+s, ch+s — kommt nur im Inlaut und Auslaut vor: maximus, rex, im Anlaut nur in Fremdwörtern.

Vokale vor den Buchstabengruppen -nf und -ns wurden im Lateinischen lang gesprochen, auch wo es im Grunde sinnwidrig war: das Wort für Insel, lateinisch insula, bedeutet „im Salzwasser", aber in hat eigentlich kurzes i wie bei uns. Später geht stellenweise sogar das n verloren: consul wird in den Inschriften cos abgekürzt, aus insula wird italienisch „isola", aus mēnse = im Monat wurde „mese", aus mōnstrum ÷ Ungeheuer wurde „mostro" im Italienischen.

Vokale vor -g s. S. 53.

Vokale vor -ct wurden ebenfalls lang gesprochen, wenn dieses -ct- aus gt entstanden war, z. B. āctus, lēctus aus agtus, legtus von agere=treiben, legere = lesen.

Die Aussprache eines betonten kurzen Vokals mit folgendem einfachem Konsonanten fällt uns Deutschen — im Gegensatz zu Ausländern — schwer: erat = er war und errat = er irrt dürfen nicht gleich gesprochen werden; errat hat Doppelkonsonanz (er-rat), aber erat hat nur einfaches r; wir müssen versuchen, erat so zu sprechen, daß wir weder das betonte e längen, noch das r so schwer sprechen, als wenn zwei r da wären! (Vgl. die Bemerkung 4 zu 2 C 3, auf S. 10).

Andere Hilfs- und Schriftzeichen, z. B. Akzente, Apostroph, gibt es im Lateinischen nicht, auch ein Trema fehlt (Trennpunkte über getrennt auszusprechenden Vokalen), so daß es unmöglich ist, im lateinischen Text aeris = des Erzes (gesprochen äris) von a-e-ris = der Luft (daher A-e-ro-plan) im Schriftbild zu scheiden.

## Die Betonung

Bei der Betonung einsilbiger Wörter kann eigentlich kein Fehler gemacht werden, es sei denn, daß man sich über die Quantität (quantus = wie groß) des Vokals nicht klar ist; man spreche also korrekt in, ab, ad, ex mit kurzem Vokal, ā = von, ē = aus, o (in der Anrede) mit langem.

In zweisilbigen Wörtern pflegen wir Deutschen den Stamm zu betonen, nicht die Endung; der Römer hält es ebenso. Auch beim Einüben der Deklination ist es falsch, die Endungen zu betonen, etwa um die Unterschiede der Endsilben gegenüber dem sich gleichbleibenden Stamm hervorzuheben. Wichtig ist es aber, auf die Quantität der betonten Silbe zu achten: māter = Mutter und frāter = Bruder haben ein langes a, pater = Vater ein kurzes; līber = frei hat langes, liber = Buch ein kurzes i.

Noch wichtiger ist die Beobachtung der Vokallänge bei drei- und mehrsilbigen Wörtern: ist die *vorletzte* Silbe lang, so wird *sie* betont, sonst die drittletzte.

Die Länge einer Silbe kann durch einen langen Vokal bestimmt sein — daher tragen in unseren Texten 1 bis 20 und in allen Vokabelzusammenstellungen alle naturlangen Vokale ein Längezeichen! — oder die Silbe ist konsonantisch lang, d. h. ein an sich kurzer Vokal ist durch zwei oder mehr auf ihn folgende Konsonanten beschwert. Beispiele aus Stück 1 A: Macedoniam (o in der drittletzten Silbe betont, weil das i der vorletzten Silbe kurz ist), Aenēās, frumentum (e betont), incolārum, captārent, propulsāret, ēvocāvit (ā betont). In der betonten Silbe darf die Quantität des Vokals nicht geändert werden, also: navigia (betontes *kurzes* i der drittletzten Silbe), dominus, colloquium (betontes *kurzes* o ebenfalls der drittletzten).

Auf quantitativ genaue Aussprache der Vokale in lateinischen Wörtern wird in Deutschland je länger, je mehr Wert gelegt; noch vor 50 Jahren sprach man in Schule und Universität sehr nachlässig, hat also inzwischen von den neueren Sprachen gelernt.

## Silbentrennung

Muß ein Wort durch Zeilenende gebrochen werden, so ist folgendes zu merken: Einzelkonsonanten kommen zur folgenden Silbe: a-mi-cus, a-li-us.

Zwei Konsonanten werden getrennt: ar-cem, ur-bem, men-tem, an-nus, im-pe-ra-tor, ob-ser-va-re, red-di-di. Sollte aber mit den in Betracht kommenden zwei Konsonanten ein Wort anlauten können, so werden beide Konsonanten zur folgenden Silbe gezogen: mi-gra-re, ha-ru-spex, he-ster-nus.

Das gleiche gilt beim Auftreten von drei und mehr Konsonanten: in-gra-tus, in-scri-be-re, trans-gre-di.

## Zeichensetzung (Interpunktion)

In Schrift und Druck lateinischer Texte pflegen wir Zeichen nach deutscher Art zu setzen: Punkt, Komma usw. Die Römer hatten ursprünglich weder Wort- noch Satztrennung, sie setzten die Buchstaben ohne Zwischenraum hintereinander, ja, sie brachen am Zeilenende ab, ohne Rücksicht darauf, ob dadurch ein Wort zerrissen wurde. Erst später trennten sie in monumentalen Inschriften die einzelnen Wörter voneinander durch einen in halber Buchstabenhöhe gesetzten Punkt.

Das Wort punctum ist lateinisch und bezeichnet ein mit dem Schreibgriffel in die Wachstafel eingestochenes Zeichen oder den mit Meißel in Stein eingeschlagenen „Stich". Komma ist griechisch = Abschnitt, Stück, bzw. Zeichen für einen Abschnitt, dieses in Form eines Schrägstriches (/), aus dem sich später unser heute gebräuchliches Komma (,) entwickelte. Kolon, ebenfalls griechisch = Glied, erscheint in der Form eines halbhohen Punktes, wir schreiben jetzt dafür einen Doppelpunkt. Semikolon (= halbes Glied) ist ein griechisch-lateinisches Mischwort (etwa wie Auto-mobil). Die Zeichen für Semikolon, Ausrufungszeichen, Fragezeichen (also ; ! ?) sind nicht antik.

# Die lateinischen Fachausdrücke und ihre deutschen Entsprechungen

Ablativus = Wodurch-, Womitfall
Adjektivum = Eigenschaftswort
adjektivisch = als Eigenschaftswort gebraucht
Adverbium = Umstandswort
adverbial = als Umstandswort gebraucht
Accusativus = Wen-fall
Activum = Tätigkeitsform
Apposition = Beisatz (2 D 2)
Artikel (articulus) = Geschlechtswort
Attribut = Beifügung (2 D 1)
attributiv = als Beifügung gebraucht
Casus rectus = unabhängiger Fall, Nominativ
Casus obliquus = abhängiger (konstruierter) Fall
Dativus = Wemfall
Deklination = Beugung
deklinieren = beugen
Deminutivum = Verkleinerungsform (26 C)
Demonstrativum = hinzeigendes Fürwort
Determinativum = bestimmendes Fürwort
Diphthong = Zwielaut
Elision = Auslassung eines Buchstabens
Femininum = weibliche Form
Flexion = Beugung (Deklination und Konjugation)
Futurum = Zukunft
Genitivus = Wessenfall
Genus = Geschlecht
genus verbi = verbale Ausdrucksform (Aktiv oder Passiv)
Gerundium = als Hauptwort gebrauchtes Zeitwort
Gerundivum = Mittelwort der Leideform der Zukunft
Grammatik = Sprachlehre
Imperativus = Befehlsform
Imperfektum = Vergangenheit
Indefinitum = unbestimmtes Zeitwort
indefinit, infinit = unbestimmt nach Person, Zahl u. a.
Indikativus = Wirklichkeitsform
Infinitivus = Grundform, Nennform

Instrumentalis = Womitfall (5 D)
Interjektion = Ausruf-, Empfindungswort
Interpunktion = Zeichensetzung
Interrogativum = Fragefürwort
Intransitivum = Verb ohne Akkusativobjekt
Kardinalzahl = Grundzahl
Kasus = Fall
Komparation = Steigerung, Vergleichung
Komparativus = Höherstufe, Vergleichsstufe
konditional = bedingend
Konjugation = Beugung von Zeitwörtern
konjugieren = beugen
Konjunktion = Bindewort
Konjunktivus = Form der Möglichkeit oder der Vorstellung
Konsonant = Mitlaut
Lokativus = Wofall (15 C)
Maskulinum = männliche Form
Modus = Art und Weise der Aussage
Neutrum = sächliche Form (2 C 1)
Nomen = dekliniertes Wort
Nominalform = Verbform, die sich deklinieren läßt
Nominativus = Werfall, Nennfall
Numerale = Zahlwort
Numerus = Zahl (Einzahl oder Mehrzahl)
Objekt = Ergänzung
Ordinalzahl = Ordnungszahl
Participium = Mittelwort
Passivum = Leideform
Perfektum = jetziger Zustand infolge eines Geschehens in der Vergangenheit, sogen. Vorgegenwart
Personalpronomen = persönliches Fürwort
Pluralis = Mehrzahl
Plusquamperfektum = Vorvergangenheit
Positivus = Grundstufe eines Adjektivs
Possessivpronomen = besitzanzeigendes Fürwort

Prädikat = Satzaussage
prädikativ = als Aussage gebraucht
Präposition = Verhältniswort
Präsens = Gegenwart
Praeteritum = Vergangenheit
Pronomen = Fürwort
reflexiv = rückbezüglich
Relativpronomen = bezügliches Fürwort
Rhotazismus = sprachliche Wandlung von s in r (15 C)
Separativus = Trennungsfall (1 D)
Singularis = Einzahl
Subjekt = Satzgegenstand

Substantivum = Hauptwort
substantivisch = als Hauptwort gebraucht
Superlativus = Höchststufe
Supinum = deutschem Infinitiv mit zu (um zu) entsprechend
Tempus = Zeitform
Transitivum = Verbum mit Akkusativobjekt
Verbalsubstantiv = vom Verb abgeleitetes Hauptwort
Verbum = Zeitwort
Vokal = Selbstlaut
Vokativus = Anredefall

Bemerkung: Die Beobachtung der verschiedenen Arten von Wörtern und deren Abwandlungen führte die Griechen zum Aufbau einer Grammatik, die schon im V. Jahrhundert ansehnlich entwickelt war. Die uns geläufigen grammatischen Bezeichnungen sind zwar lateinisch, aber von den Römern nicht erfunden, sondern aus dem Griechischen übersetzt, übrigens nicht ohne einige Mißverständnisse. Die Verdeutschung dieser lateinischen, für alle indogermanischen Sprachen brauchbaren Fachausdrücke ist nicht restlos geglückt. Es bleiben für den Anfänger Schwierigkeiten: Beispielsweise wieso ist „ich werde beschenkt" eine „Leideform" und „ich schlafe" eine Tätigkeitsform? Und ein Kind müßte doch „Zeit" oder „Stunde" bestimmt für ein „Zeitwort" halten; aber über solche Unzulänglichkeiten der deutschen Formulierung hat man sich gewöhnt, hinwegzusehen.

---

# Abkürzungen

### die im Werk angewendet werden

| | | | | | |
|---|---|---|---|---|---|
| *abl.* | Ablativ | *dat.* | Dativ | *nom.* | Nominativ |
| *acc.* | Akkusativ | *f* | Femininum | *pass.* | Passiv |
| *A. c. I.* | accusativus cum infinitivo | *gen.* | Genitiv | *plur.* | Plural |
| | | *gr.* | griechisch | *sing.* | Singular |
| *act.* | Aktivum | *ind.* | Indikativ | *sog.* | sogenannter |
| *adj.* | Adjektiv | *indecl.* | indeclinabel | *spr.* | sprich |
| *adv.* | Adverb | *m* | masculinum | *vgl.* | vergleiche |
| *conj.* | Konjunktiv Konjunktion | *MA.* | Mittelalter | *Wz.* | Wurzel |
| | | *n* | neutrum | | |

---

# Zur Einführung

Lateinisches Sprachgut, das wir Deutschen übernommen haben, ist geeignet in die Grundzüge lateinischer Wortzusammenhänge und in ihre wissenschaftlichen Grundlagen einzuführen:

a) In der Universität nimmt der Studierende Platz in einem Auditorium = Hörsaal, von *audīre* = hören, Wurzel *aud-*, oder er arbeitet in einem Laboratorium = Arbeitsstätte, von *labōrāre* = arbeiten, Wurzel *labōr-*. Das eine Mal ist der Bildevokal *-a-*, das andere Mal der Vokal *-i-* eingeschoben. Es ergibt sich weiterhin, daß zwischen *audīre* (-i-Konjugation) und *audītōrium* ein Substantivum: *audītor* = Hörer steht (Genetiv *audītōris*), das in den modernen Fremdsprachen wiederkehrt. Entsprechend zwischen *labōrāre* und *labōrātōrium* das Substantivum *labōrātor*, obwohl dies zufällig nicht belegt ist; ein Adjektivum vom gleichen Stamme lautet *labōriōsus* = arbeitsam.

Substantiva auf *-tor* bezeichnen einen Tätigen, einen Täter, solche auf *-tōrium* eine Tätigkeitsstätte und die auf *-tiō* (Gen. *-tiōnis*), um das hier gleich einzuschalten, eine Tätigkeit. Beispiel: Wurzel *ōr-* = reden, *ōrāre* reden, anrufen, beten, *ōrātor* = Redner, Sprecher, *ōrātōrium* = Betraum, ehe dies Wort in weiterer Entwicklung nach den dazugehörigen musikalischen Darbietungen die heutige Bedeutung feierlicher Musik bekam; *ōrātio* = Rede, *ōrāculum* = Kündung.

Weiteres: *cremātōrium* = Verbrennungsstätte zu *cremāre* = verbrennen, *observātōrium* = Beobachtungsstätte, *observāre* = beobachten, beachten, *observātor* = Beobachter; *morātōrium* = Frist von *mora* Zögern, Aufenthalt; *sānātōrium* = Heilstätte von *sānāre* = heilen.

b) Auf *-ārium* haben wir *herbārium* zu *herba* = Gras, Kraut, *aquārium* gehört zu *aqua* = Wasser, *terrārium* zu *terra* = Erde, Land, *aerārium* Staatsschatz zu *aes*, Genitiv *aeris* = Erz, Geld, *columbārium* Taubenschlag von *columba* = Taube, *diārium* von *diēs* = Tag, also Tagebuch. *Inventārium* von *inventus* = gefunden bedeutet Verzeichnis, *tabulārium* = Archiv von *tabula* Schrifttafel. Schriftstück.

c) Die Himmelsfeste, an der man sich die Sterne befestigt dachte, heißt schon im ausgehenden. Altertum *firmāmentum* von *firmāre* festmachen, *firmus* = fest, das Fremdwort Alimente kommt von *alimentum* = Nahrungsmittel, zu *alere* = nähren, *alumnus* = Pflegling. Alle Wörter auf *-mentum* bezeichnen ursprünglich ein Mittel: *instrūmentum* = Werkzeug, Mittel von *instruere* herrichten, *nūtrīmentum* = Nahrung von *nūtrīre* = nähren, *ōrnāmentum* = Schmuck(mittel) von *ōrnāre* = schmücken, *medicāmentum* = Heilmittel von *medicāre* = heilen, verbessern, *medicus* = Arzt, *medicīna* = Arznei, Abhilfe.

Jahrhunderte hindurch konnten nach solchem System im Bedarfsfalle Wörter gebildet werden und werden heute noch lateinisch oder entsprechend in den Nachfolgesprachen gebildet.

d) Eine Reihe lateinischer Worte sind an sich verständlich: *flamma* = Flamme, *rosa* = Rose, *nota* = Bemerkung, *schola* (spr. *skola*) = Schule, *insula* = Insel, *viola* = Veilchen, *fabula* = Rede, Sage, Märchen, *glōria* = Ruhm, *tabula* = Tafel, *figūra* = Gebilde, *fōrma* = Gestalt, *fenestra* = Fenster, *porta* = Pforte, *ancora* = Anker, *calamus* = Halm, *exemplar* = Muster; zum Worte *aqua* = Wasser vgl. süddeutsches Ache (Salzach, Partnach).

e) Im Kulturleben: *cultūra* = Pflege, Wartung, *rēctor* = Leiter, dazu *dīrēctor, dīrēctōrium*; *doctor* von *docēre* = lehren, *magister* = der mehr kann, also „Meister" von *magis* = mehr; *minister* = Untergebener, Diener von *minus* = weniger hat im Laufe der Jahrhunderte einen beträchtlichen Wandel der Bedeutung erlebt. Zu erwähnen wären noch: *magistrātus* = Amt, Beamter, *collēga* = Amtsgenosse, *pāstor* = Hirt, *mōtor* = Beweger von *movēre* = bewegen, dazu *mōbilis* = beweglich.

f) Schon diese Beispiele zeigen,

1. daß im Lateinischen auch Hauptwörter (*substantīva*) klein geschrieben werden, außer Eigennamen und den dazu gehörigen Adjektiven z. B. *Trōia* und *Trōiānus*, was sowohl trojanisch als auch den Trojaner bedeutet, wie *Rōmānus* = römisch und Römer.

2. daß im Laufe der Jahrhunderte die Quantitäten der Vokale sich vielfach geändert haben: wir sagen plus, minus, Rektor, Tafel, der Römer sprach *plūs* und *rēctor* mit langem Vokal *minus* und *tabula* mit kurzem.

# 1. Stunde

Aenēās Trōiā profugus prīmō in Macedoniam, inde in Siciliam īnsulam, ā Siciliā in Italiam nāvigāvit. Trōiānīs nihil praeter arma et nāvigia supererat. Cum frūmentum ex agrīs incolārum captārent, Latīnus, dominus agrī, cum armātīs appropinquāvit, ut advenās prōpulsāret; is ante pūgnam Aenēam ad colloquium ēvocāvit; interrogāvit, quis esset, unde virī migrāvissent, quid optārent.

| | | | |
|---|---|---|---|
| Aenēās Aenēae | *Äneas* | Latīnus | *Latinus* |
| Trōia | *Troja* | dominus | *Herr* |
| profugus | *flüchtig* | cum *mit abl.* | *mit* |
| prīmō *adv.* | *anfangs, zuerst* | armāre | *bewaffnen* |
| prīmus | *erster, der erste* | armātus | *der Bewaffnete* |
| in *mit acc.* | *(wohin?) nach* | prope *mit acc.* | *nahe bei* |
| Macedonia | *Makedonien* | propinquus | *benachbart, Nachbar* |
| inde | *von da, von dort* | appropinquāre | *sich nähern* |
| Sicilia | *Sizilien* | ut | *damit, so daß, daß* |
| īnsula | *Insel* | advena advenae | *Fremder, Ankömm-* |
| ā, ab *mit abl.* | *von* | m | *ling* |
| Italia | *Italien* | pulsāre | *schlagen, klopfen* |
| nāvigāre | *segeln, fahren* | prōpulsāre | *vertreiben* |
| Trōiānus | *Trojaner, trojanisch* | is | *der, dieser* |
| nihil | *nichts* | quis? quid? | *wer? was?* |
| praeter *mit acc.* | *außer* | ante *mit acc.* | *vor* |
| arma armōrum | *Waffen* | pūgna | *Kampf, Schlacht* |
| et | *und, auch* | ad *mit acc.* | *zu, bei, an* |
| navigium | *Schiff* | colloquium | *Unterredung, Ge-* |
| esse | *sein* | | *spräch* |
| superesse | *übrig sein* | vocāre | *rufen* |
| cum | *als (zeitlich)* | ēvocāre | *herausrufen, auf-* |
| | *da (begründend)* | | *bieten* |
| frūmentum | *Getreide, Korn* | interrogāre | *fragen* |
| ex, ē *mit abl.* | *aus* | unde? | *woher? (vgl. inde)* |
| ager agrī | *Acker* | vir virī | *Mann* |
| incola incolae | *m Einwohner* | migrāre | *wandern* |
| captāre | *haschen, nehmen,* | optāre | *wünschen* |
| | *rauben* | | |

Zusatz zu den Vokabeln: eine Gleichung:  is : id  = quis : quid
                                          *der : das* = *wer  : was*

# 1B Übung

(Nach Aneignung der Formenlehre 1 C durchzuarbeiten.)

Was heißt cūrīs, cūrāre, cūrāret, cūrārent, cūrae? Sind es Nōmina oder Verba? Was bedeutet arma, armat, armant, armātus, cum armīs, cum armātīs, cum armāret, cum armāvissent, armōrum, armātōrum? Unterscheide die *Präposition cum* von der *Konjunktion cum*! Annō Dominī. Aenēās nāvigat. Trōiānī nāvigābant. Aenēās amīcōs vocāvit. Incolae agrōs cūrant. Quid interrogāvit Latīnus? Cum navigiīs īnsulae appropinquant. Dominus agrī advenās prōpulsat. Ex agrīs frūmentum raptābant.

| | | | | |
|---|---|---|---|---|
| annus | *Jahr* | | raptāre | *rauben, plündern* |
| amīcus | *Freund* | | cūra | *Sorge* |
| amīca | *Freundin* | | cūrāre | *sorgen, besorgen* |

# 1C Grammatik (Formenlehre)

Im Lateinischen gibt es 5 Deklinationen und 4 Konjugationen. Einen Artikel gibt es nicht, weder bestimmten noch unbestimmten. So erhalten die Deklinationsendungen eine erhöhte Bedeutung!

## 1C₁ I. (a-)Deklination

| Feminina auf -a | | | | |
|---|---|---|---|---|
| Nōminātīvus: | cūra | *die (eine) Sorge* | cūrae | *die Sorgen (Sorgen)* |
| Genetīvus: | cūrae | *der (einer) Sorge* | cūrārum | *der Sorgen (Sorgen)* |
| Datīvus: | cūrae | *der (einer) Sorge* | cūrīs | *den Sorgen (Sorgen)* |
| Accūsātīvus: | cūram | *die (eine) Sorge* | cūrās | *die Sorgen (Sorgen)* |
| Ablātīvus: | cūrā | *durch die Sorge* | cūrīs | *durch die Sorgen (durch Sorgen)* |

Der lateinische Ablātīvus steht auf die Fragen wovon? womit? wodurch? und wann?

## 1C₂ II. (-o-)Deklination

| a) Maskulina auf -us | | | | |
|---|---|---|---|---|
| N.: | amīcus | *der (ein) Freund* | amīcī | *die Freunde (Freunde)* |
| G : | amīcī | *des (eines) Freundes* | amīcōrum | *der Freunde (Freunde)* |
| D.: | amīcō | *dem (einem) Freunde* | amīcīs | *den Freunden (Freunden)* |
| Acc.: | amīcum | *den (einen) Freund* | amīcōs | *die Freunde (Freunde)* |
| Abl.: | ab amīcō | *von dem (einem) Freunde* | ab amīcīs | *von den Freunden (von Freunden)* |
| Voc.! | ō amīce | *lieber Freund!* | ō amīcī | *Freunde!* |

Der vocātīvus = Rufkasus (Anredekasus) hat meist keine besonders gebildete Form, sondern bedient sich im Singular und Plural des Nominativs. In der 2. Deklination hat er für Maskulina auf -us im Singular die besondere Endung -e.

Der charakteristische Vokal -a- tritt in allen Kasus der 1. Deklination außer im Dativ und Ablativ des Plurals zutage; der Vokal -o- erscheint in der 2. Deklination nur in 4 Kasus, im Griechischen in allen Kasus.

**1C₃**

| b) Neutra | | | |
|---|---|---|---|
| N.: | dōnum *das (ein) Geschenk* | dōna | *die Geschenke (Geschenke)* |
| Acc.: | dōnum *das (ein) Geschenk* | dōna | *die Geschenke (Geschenke)* |

Die anderen Kasus lauten dōnī, dōnō, dōnō, dōnōrum, dōnīs, dōnīs wie die Maskulina. Die Neutra bilden also nur in den Nominativen eine besondere Form, die sie in den Akkusativen wiederholen.

Alle Deklinationen haben im *nom.* und *acc. plur.* für Neutra die Endung -a-.

### Aus der I. (-a-)Konjugation  1C₄

| | | | | |
|---|---|---|---|---|
| Präsens: | cūrat | *er, sie, es sorgt* | cūrant | *sie sorgen* |
| Imperfektum: | cūrābat | *er, sie, es sorgte* | cūrābant | *sie sorgten* |
| Perfektum: | cūrāvit | *er, sie, es hat gesorgt* | cūrāvērunt | *sie haben gesorgt* |
| Infinitivus praesentis: | cūrāre | *sorgen* | | |
| Infinitivus perfecti: | cūrāvisse | *gesorgt haben* | | *davon abgeleitet:* |
| Konjunktive: | | | | |
| cum cūrāret | *als er sorgte* | | cum cūrārent | *als sie sorgten* |
| cum cūrāvisset | *als er gesorgt hatte* | | cum cūrāvissent | *als sie gesorgt hatten* |

Für die 3. Person ist im Singular die Endung -t, im Plural die Endung -nt (vgl. „sorgt, sorgen") charakteristisch.

### Vom verbum substantivum „esse"  1C₅

| | | | | | |
|---|---|---|---|---|---|
| Infin. praes.: | esse | *sein* | Infin. perf.: | fuisse | *gewesen sein* |
| Präsens: | est | *er, sie, es ist* | | sunt | *sie sind* |
| Imperfektum: | erat | *er, sie, es war* | | erant | *sie waren* |
| Perfektum: | fuit | *er, sie, es ist gewesen* | | fuērunt | *sie sind gewesen* |
| Konjunktive: | | | | | |
| cum esset | *als er, sie, es war* | | | cum essent | *als sie waren* |
| cum fuisset | *als er, sie, es gewesen war* | | | cum fuissent | *als sie gewesen waren.* |

## 1D    Satzlehre

a) Der Ablativus kann als Kasus der Trennung dienen (ablātīvus sēparātīvus oder abl. sēparātiōnis): Trōiā profugus aus Troja flüchtig.

sēparāre trennen, sēparātio Trennung, sēparātīvus trennend.

b) Das Imperfektum steht auf die Frage „was war?", das Perfektum auf die Frage „was geschah?", man nennt es „perfectum historicum", d. h. „Erzählendes Perfektum".

c) Abhängige Fragesätze — auch „indirekte" genannt — stehen wie die deutschen im Konjunktiv: interrogāvit, quis esset = er fragte, wer er wäre.

d) Das Lateinische hat keine „gebundene Wortstellung". Die Stellung der Worte ist vielmehr so frei wie im Deutschen. Daher muß genauestens auf die Wortausgänge geachtet werden, um Kasus, Numerus (ob Einzahl oder Mehrzahl), Person festzustellen und dadurch die Konstruktion des Satzes, Subjekt, Objekt usw. zu erschließen.

---

## 2A    2. Stunde

Aenēās interrogātus „ego", inquit, „dominus sum Trōiānōrum, cremātā patriā profugī locum ad habitandum idōneum quaeritāmus." Latīnus virōs bellō spectātōs admirātus est et datā dextrā amicitiam cum advenīs firmāvit. Aenēae Lavīniam fīliam in mātrimōnium dedit. ex novō mātrimōniō fīlius fuit, quī Ascānius nōminātus est. oppidum novum Aenēās ā Lavīniā appellāvit Lavīnium.

| | | | |
|---|---|---|---|
| inquit | sagte er (eingeschoben) | spectātus | „angesehen" |
| cremāre | verbrennen | spectātor | Zuschauer |
| patria | Vaterland, Vaterstadt | admirātus est | hat bewundert |
| | | dare (ā!) | geben |
| locus | Ort, Platz, Stelle | datus | gegeben |
| habitāre | wohnen, bewohnen | dedit | hat gegeben |
| idōneus | geeignet | dexter, dextra, | rechts |
| quaeritāre | (eifrig) suchen | dextrum | |
| bellum | Krieg | amīcus | Freund, befreundet |
| spectāre | schauen | amīca | Freundin |

| | | | |
|---|---|---|---|
| amīcitia | *Freundschaft* | novus, nova, | *neu* |
| fīrmāre | *befestigen* | novum | |
| fīrmus | *fest* | nōmināre | *nennen* |
| fīlius | *Sohn* | oppidum | *Stadt* |
| fīlia | *Tochter* | quī | *welcher, der* |
| mātrimōnium | *Ehe* | appelläre | *anreden, nennen* |
| patrimōnium | *Vatergut, Erbgut* | ego, tū | *ich, du* |

Bemerkung: Es braucht im Lateinischen nicht nach jedem Punkt mit großem Anfangsbuchstaben fortgefahren zu werden.

In den „Stoffadjektiven", z.B. marmoreus marmorn, lapideus steinern, aureus golden, argenteus silbern usw. und in idōneus werden die Vokale e-u getrennt gesprochen. Ein Trema über dem e ist nicht üblich. argentum Silber, Geld; aurum Gold.

Unter Hinweis auf die Aussprachebemerkungen wird hier nochmals in Erinnerung gebracht:

1. In dominus, fuit, amīcitia, novus darf die betonte Silbe nicht um des Tones willen lang gesprochen werden.

2. In cūrāvisse, cūrāvissent, habitandum hat die vorletzte Silbe trotz kurzen Vokales den Ton, weil auf diesen kurzen Vokal 2 Konsonanten folgen.

3. Cūrābant, cūrāvērunt betonen die vorletzte Silbe, weil sie vokalisch lang ist.

4. Patria, mātrimōnium mit kurzem i, idōneus, aureus mit kurzem e in der vorletzten Silbe müssen auf der drittletzten Silbe betont werden.

## Übung 2 B

1. Wie übersetzt man die passiven Partizipien cremātus, interrogātus, armātus, appellātus, datus, spectātus, cūrātus, captātus, pulsātus?

2. Übersetze: Ego, qui dominus sum Trōiānōrum. habitant locum idōneum. Trōia profugus in Italiam migrāvit. Graecī Trōiam oppidum cremāvērunt. is locus idōneus est. in patriā sum. migrant in Italiam (wohin?). sumus in Italiā (wo?).

Graecus griechisch, der Grieche. bonus, bona, bonum gut.

## 2 C₁    Grammatik (Formenlehre)

### Adjektive nach der I. und II. Deklination

|  | mãsculīnum | fēminīnum | neutrum |
|---|---|---|---|
|  |  | Singulāris |  |
| N.: | bonus | bona | bonum |
| G.: | bonī | bonae | bonī |
| D.: | bonō | bonae | bonō |
| Acc.: | bonum | bonam | bonum |
| Abl. | bonō | bonā | bonō |
|  |  | Plūrālis |  |
| N.: | bonī | bonae | bona |
| G.: | bonōrum | bonārum | bonōrum |
| D.: | bonīs | bonīs | bonīs |
| Acc.: | bonōs | bonās | bona |
| Abl.: | bonīs | bonīs | bonīs |

Erklärung: Mãsculīnum von mãs = Mann bedeutet „männlich", fēminīnum von fēmina = Frau, weiblich, neutrum bedeutet „keins von beiden"; wir ersetzen diesen Ausdruck im Deutschen durch „sächlich".

## 2 C₂  Substantive und Adjektive der II. Deklination auf -er

|  | puer *Knabe* | ager *Acker* | līber, lībera, līberum *frei* | | |
|---|---|---|---|---|---|
| N.: | puer | ager | līber | lībera | līberum |
| G.: | puerī | agrī | līberī | līberae | līberī |
| D.: | puerō | agrō | līberō | līberae | līberō |
| Acc.: | puerum | agrum | līberum | līberam | līberum |
| Abl.: ã | puerō | in agrō | līberō | līberā | līberō |
| N.: | puerī | agrī | līberī | līberae | lībera |
| G.: | puerōrum | agrōrum | līberōrum | līberārum | līberōrum |
| D.: | puerīs | agrīs | līberīs | līberīs | līberīs |
| Acc.: | puerōs | agrōs | līberōs | līberās | lībera |
| Abl.: ã | puerīs | in agrīs | līberīs | līberīs | līberīs |

In diesen Wörtern ist die maskuline Endung -us verlorengegangen; für griech. „agros" sagte der Römer nur agr, was zu ager wurde („*Vokalentfaltung*"). Da man einem Worte wie puer oder ager nicht ansieht, ob das -e- stammhaft ist oder nicht, muß man den Genetiv, bei Adjektiven das Femininum und Neutrum gleich dazulernen.

| | |
|---|---|
| socer, socerī *Schwiegervater* | asper, aspera, asperum *rauh* |
| gener, generī *Schwiegersohn* | tener, tenera, tenerum *zart* |
| vesper, vesperī *Abend* | miser, misera, miserum *elend,* |
| līberī (*plur.*) *Kinder* | *unglücklich* |

prosper, prospera, prosperum
    *glücklich*
sīgnifer, sīgniferī *Fahnenträger*
magister, magistrī *Lehrer,*
    *Meister*
minister, ministrī *Untergebe-*
    *ner, Diener*
liber, librī *Bast, Buch*
āter, ātra, ātrum *schwarz*

niger, **nigra**, nigrum *glänzend* **schwarz**
piger, pigra, pigrum *faul, träge*
ruber, rubra, rubrum *rot*
sacer, sacra, sacrum *geheiligt*
pulcher, pulchra, pulchrum *schön*
integer, integra, integrum *unberührt*
aeger, aegra, aegrum *krank*
dexter *rechts* hat dextera und auch
    dextra.

Wörter auf -a der I. Deklination sind Feminina, Wörter auf
-us und -er der II. Deklination Maskulina, auf -um Neutra
(sogen. *grammatisches Genus*).

Wörter auf -a der I. Deklination wie incola und agricola
Landmann, Bauer, poēta Dichter, scrība Schreiber, nauta See-
mann, Matrose sind natürlich Maskulina (*natürliches Geschlecht*).

### Das Verbum „esse" (Präsensstamm)    2 C₃

Indicativus im Präsens:

| | | | | | |
|---|---|---|---|---|---|
| sum | *ich bin* | es | *du bist* | est | *er, sie, es ist* |
| sumus | *wir sind* | estis | *ihr seid* | sunt | *sie sind* |

Imperfektum:

| | | | | | |
|---|---|---|---|---|---|
| eram | *ich war* | erās | *du warst* | erat | *er, sie, es war* |
| erāmus | *wir waren* | erātis | *ihr wart* | erant | *sie waren* |

Futurum:

| | | | | | |
|---|---|---|---|---|---|
| erō | *ich werde sein* | eris | *du wirst sein* | erit | *er, sie es wird sein* |
| erimus | *wir werden sein* | eritis | *ihr werdet sein* | erunt | *sie werden sein* |

Konjunktivus im Präsens:

| | | | | | |
|---|---|---|---|---|---|
| sim | *ich möge sein* | sīs | *du mögest sein* | sit | *er, sie, es möge sein* |
| sīmus | *wir mögen sein* | sītis | *ihr möget sein* | sint | *sie mögen sein* |

Imperfektum:

| | | | | | |
|---|---|---|---|---|---|
| essem | *ich wäre* | essēs | *du wärest* | esset | *er, sie, es wäre* |
| essēmus | *wir wären* | essētis | *ihr wäret* | essent | *sie wären* |

Imperativus:

| | | | | |
|---|---|---|---|---|
| es | *sei!* | estō | *du sollst sein, er soll sein* | |
| este | *seid!* | estōte | *ihr sollt sein* | suntō *sie sollen sein* |

Man beachte

1. den übersichtlichen Aufbau;

2. daß wir im Deutschen bereits im Futurum zusammengesetzte Formen bilden müssen.

3. Der Stamm es- ist in einigen Formen deutlich erkennbar,
im Imperfektum und Futurum ist er zu er- geworden (vgl. war
und gewesen). In den Formen sum, sumus, sunt blieb nur der
Konsonant s-.

4. Vier Formen des Imperfekts und alle Formen des Futurs von esse haben den Ton auf dem kurzen e des Stammes er-. Dieses e darf weder beim Aussprechen gelängt werden (vgl. 2 A₁), noch darf dem deutschen Sprecher die Illusion einer Doppelkonsonanz erweckt werden: „erant = sie waren" hat einfachen Konsonanten r, der zur zweiten Silbe überleitet, aber errant = sie irren von errāre = irren (3 B) hat Doppelkonsonanz. Wir Deutschen hören den Unterschied zwischen einerseits annus, errant, andrerseits erant, bonus schwer heraus.

**2 C₄** Da es im Lateinischen keinen Artikel gibt (1 C), kann der Infinitiv nicht wie im Deutschen dekliniert werden. Das Latein entwickelt deshalb eine besondere Form, das „Gerundium".

> habitāre *das Bewohnen,* habitandī *des Bewohnens,* habitandō *dem Bewohnen,* ad habitandum *zum Bewohnen,* habitandō *durch Bewohnen.*

**2 D₁** Satzlehre

Attribut (Beifügung: ad zu, bei, tribūtum das Zugeteilte):

a) substantivisches im Genetiv: dominus Trōiānōrum, fīlia Latīnī.

b) adjektivisches im gleichen genus, numerus und cāsus wie das Hauptwort: oppidum novum, incola armātus. Als Adjektiv kann auch ein Partizip auftreten: cremāta patria, data dextra.

**2 D₂** Apposition (Zusatz: ad und positiō Stellung): Trōia, oppidum Asiae; Aenēās, dominus Trōiānōrum.

**2 D₃** Doppelter Akkusativ: Novum oppidum appellāvit Lavīnium er nannte die neue Stadt L.

Im passiven Ausdruck wird daraus ein doppelter Nominativ: Novum oppidum ab Aenēā Lavīnium appellātum est. Die neue Stadt ist von Aenēās L. genannt worden.

———

**3 A** # 3. Stunde

Cum Turnō deinde, Rutulōrum dominō, Aenēās Latinúsque pūgnāre dēbēbant. nam Turnō Lavīnia, cum Aenēās advēnit, pācta fuerat. neuter populus eā pūgnā laetus fuit: Rutulī superātī sunt, Latīnus necātus est.

Turnō superātō auxiliō fuit Mezentius, Etruscōrum dominus, quī iam inde ab initiō, minimē laetus novō oppidō,
timēbat, nē cōpiae accolārum nimis augērentur.

| | | | |
|---|---|---|---|
| dĕinde *adv.* | *dann, darauf* | auxilium | *Hilfe, Beistand,* |
| Turnus | *Turnus* | | *Hilfstruppe* |
| Rutulī | *die Rutuler* | iam | *schon, bereits* |
| pūgnāre | *kämpfen* | initium | *Anfang* [wegs] |
| dēbēre | *müssen, verdanken,* | minimē *adv.* | *am wenigsten, keines-* |
| | *schuldig sein* | timēre | *fürchten* |
| pāctus | *befestigt, verabredet,* | nē (*mit Kon-* | *daß nicht, damit* |
| | *verlobt* | *junktiv*) | *nicht* |
| neuter, -tra, | *keiner von beiden* | cōpia | *Fülle, Vorrat* |
| -trum | | cōpiae | *Truppen, Wohlstand* |
| laetus | *froh, erfreut* | accola | *Ansiedler* |
| superāre | *überwinden* | nimis *adv.* | *zu sehr* |
| necāre | *töten, erschlagen* | augēre | *vermehren* |
| cum advĕnit | *als er ankam* | inde ab initiō | *schon von Anfang an* |

## Übung 3 B

Auxiliō sumus amīcīs. In Siciliam nāvigāre dēbētis. Cremat
oppidum; oppidum cremātur. Augent glōriam patriae; glōria
patriae augētur. Amīcī laetī erunt. Pāctum erat, ut fīliam eī in
mātrimōnium daret. Cum advenīs amicitia fīrmāta est. eō dōnō
laetus nōn sum. Cum amīcīs perīculum superābimus. — Minima nōn cūrat praetor. Orā et labōrā! Errāre humānum est.
Praeclāra sunt rāra.

| | | | |
|---|---|---|---|
| glōria | *Ruhm* | labōrāre | *arbeiten* |
| perīculum | *Gefahr* | errāre | *irren* |
| minimus | *kleinster, geringster* | humānus | *menschlich* |
| praetor | *Prätor* (prae = *vor-* | clārus | *hell, berühmt* |
| | *an, voraus*) | praeclārus | *vortrefflich* |
| ōrāre | *reden, beten, bitten* | rārus | *selten* |

## Grammatik (Formenlehre) 3 C₁

**Prōnōmen
dēmōnstrātīvum**

*Hinweisendes Fürwort*

**Prōnōmen
interrogātīvum**

*Fragendes Fürwort*

| is, ea, id *der, die, das* | | | | | |
|---|---|---|---|---|---|
| Singular | | | Plural | | |
| is | ea | id | iī (eī) | eae | ea |
| ēius | ēius | ēius | eōrum | eārum | eōrum |
| eī | eī | eī | iīs (eīs) | iīs (eīs) | iīs (eīs) |
| eum | eam | id | eōs | eās | ea |
| eō | eā | eō | iīs (eīs) | iīs (eīs) | iīs (eīs) |

| quis? quid? *wer? was?* | |
|---|---|
| quis? | quid? |
| cūius? | cūius? |
| cuī? | cuī? |
| quem? | quid? |
| ā quō? | quō? (quā rē?) |

**3 C₂**      **I. (-a-) Konjugation und**

**II. (-e-)Konjugation (Präsensstamm)**

Activum

| Infinitivus:<br>laudāre *loben* | | dēlēre *zerstören* | |
|---|---|---|---|
| **Indikative** | | | |
| **Präsens:** | | | |
| laudō | *ich lobe* | dēleō | *ich zerstöre* |
| laudās | *du lobst* | dēlēs | *du zerstörst* |
| laudat | *er lobt* | dēlet | *er zerstört* |
| laudāmus | *wir loben* | dēlēmus | *wir zerstören* |
| laudātis | *ihr lobt* | dēlētis | *ihr zerstört* |
| laudant | *sie loben* | dēlent | *sie zerstören* |
| **Imperfektum:** | | | |
| laudābam | *ich lobte* | dēlēbam | *ich zerstörte* |
| laudābās | *du lobtest* | dēlēbās | *du zerstörtest* |
| laudābat | *er lobte* | dēlēbat | *er zerstörte* |
| laudābāmus | *wir lobten* | dēlēbāmus | *wir zerstörten* |
| laudābātis | *ihr lobtet* | dēlēbātis | *ihr zerstörtet* |
| laudābant | *sie lobten* | dēlēbant | *sie zerstörten* |
| **Futurum:** | | | |
| laudābō | *ich werde loben* | dēlēbō | *ich werde zerstören* |
| laudābis | *du wirst loben* | dēlēbis | *du wirst zerstören* |
| laudābit | *er wird loben* | dēlēbit | *er wird zerstören* |
| laudābimus | *wir werden loben* | dēlēbimus | *wir werden zerstören* |
| laudābitis | *ihr werdet loben* | dēlēbitis | *ihr werdet zerstören* |
| laudābunt | *sie werden loben* | dēlēbunt | *sie werden zerstören* |
| **Konjunktivus im Präsens:** | | | |
| laudem | *ich möge loben* | dēleam | *ich möge zerstören* |
| laudēs | *du mögest loben* | dēleās | *du mögest zerstören* |
| laudet | *er möge loben* | dēleat | *er möge zerstören* |
| laudēmus | *wir mögen loben* | dēleāmus | *wir mögen zerstören* |
| laudētis | *ihr möget loben* | dēleātis | *ihr möget zerstören* |
| laudent | *sie mögen loben* | dēleant | *sie mögen zerstören* |
| **Imperfektum:** | | | |
| laudārem | *ich würde loben* | dēlērem | *ich würde zerstören* |
| laudārēs | *du würdest loben* | dēlērēs | *du würdest zerstören* |
| laudāret | *er würde loben* | dēlēret | *er würde zerstören* |
| laudārēmus | *wir würden loben* | dēlērēmus | *wir würden zerstören* |
| laudārētis | *ihr würdet loben* | dēlērētis | *ihr würdet zerstören* |
| laudārent | *sie würden loben* | dēlērent | *sie würden zerstören* |
| **Imperativus:** | | | |
| laudā *lobe!*    laudāte *lobet!* | | dēlē *zerstöre!*    dēlēte *zerstöret!* | |

In Gesetzen und Verpflichtungen, Testamenten kommen auch folgende Imperativformen vor:

| | | | |
|---|---|---|---|
| laudātō | *du sollst loben* | dēlētō | *du sollst zerstören* |
| laudātō | *er soll loben* | dēlētō | *er soll zerstören* |
| laudātōte | *ihr sollt loben* | dēlētōte | *ihr sollt zerstören* |
| laudantō | *sie sollen loben* | dēlentō | *sie sollen zerstören* (vgl. 2 C₃) |

Die für die beiden Konjugationen charakteristischen Bildevokale -a- und -e- kommen in allen Reihen zur Geltung, außer im Konjunktiv des Präsens in der I. (-a-)Konjugation.

### 3 C₃

Die Passivformen der 3. Person haben die Endungen -tur und -ntur gegenüber -t und -nt im Aktivum: laudātur, laudantur, laudābātur, laudābantur, dēlētur, dēlentur, dēlēbātur usw.

### 3 C₄

Die Lateinische Grammatik betrachtet 4 Formen als **Stammformen** des Verbs:

1. den präsentischen Infinitiv des Aktivs: laudāre, dēlēre;
2. die 1. Person des Indikativs vom Präsens: laudō, dēleō;
3. die 1. Person des Perfekts im Indikativ: laudāvī, dēlēvī;
4. das Supinum laudātum, dēlētum = um zu loben, um zu zerstören.

Also: laudāre, laudō, laudāvī, laudātum und dēlēre, dēleō, dēlēvī, dēlētum. Sogenanntes „*ā verbō*".

## Satzlehre    3 D₁

Wie im Deutschen Substantive durch Neutra von Adjektiven entbehrlich gemacht werden können, so auch im Lateinischen: Großes magnum, das Gute bonum. Aber auch der Plural wird angewendet: minima = Kleinigkeiten, praeclara Vortreffliches, et cētera und das Übrige.

### 3 D₂

Bei Verben und Adjektiven der Befriedigung, Freude, Trauer kann der Grund (causa) durch einen „ablātīvus causae" ausgedrückt werden: gaudeō ich freue mich, doleō, doluī ich bin betrübt, laetus fröhlich, maestus traurig.

### 3 D₃

Der „Dativ der Verwendung, Wirkung oder des Zweckes" steht oft, wo wir ein Adjektivum anwenden:

auxiliō est er ist behilflich, māgnō impedīmentō est es ist
sehr hinderlich (impedīmentum Hindernis), eī glōriae erit es
wird ihm rühmlich sein.

**3 D₄**

Bei den meisten lateinischen Präpositionen steht der
Akkusativ. Man braucht sich also nur die Konstruktion der-
jenigen Präpositionen zu merken, bei denen der Ablativ steht;
es sind folgende:

> ā und ab, dē, ex und ē
> cum und sine, prō und prae

Ab und ex stehen vor Vokalen (ab amīcō, ex Italiā), ā und ē
vor Konsonanten (ā Latīnō, ē Siciliā), vor t ist abs häufig:
abs tē von dir; dē bedeutet von ... herab oder über, z.B. in
Überschriften (dē Aenēā). Cum bedeutet mit, sine ohne, prō
vor, für, prae vor (prō patriā für das Vaterland, prae lacrimīs vor
Tränen, lacrima Träne).

**3 D₅**

Nōn = nicht steht in Aussagesätzen; in Aufforderungs-
sätzen sagt man nē, worauf der Konjunktiv des Wunsches
folgt: Minima nōn cūrat; nē nimia optēmus! (nimius sehr groß,
zu groß).

Nach Begriffen des Fürchtens und der Gefahr entspricht
deutschem „daß" ein lateinisches „nē", weil der Wunsch nahe
liegt, daß sich das Befürchtete nicht ereignen möge: Trōiānī
timēbant, nē oppidum cremārētur (sie fürchteten, daß ...);
perīculum est, nē amīcī superentur (... daß sie überwunden
werden). Weiteres über Negationen s. 14 D!

————

**4 A**         # 4. Stunde

Aenēās adversus tantī bellī perīculum ut animōs Latī-
nōrum, quī dominō orbātī erant, sibi conciliāret, utrumque
populum Latīnōs appellāvit. frētus hīs animīs cum Etruscīs,
quī tōtam Italiam glōriā implēverant, quamquam mūrīs
bellum prōpulsāre poterat, proeliō dēcertāre ausus est.
secundum id proelium Latīnīs, Aenēae ultimum fuit.

| adversus (*mit acc.*) | *gegen, wider, gegen- über* | populus | *Volk* |
|---|---|---|---|
| adversārius | *Gegner* | implēre | *anfüllen, erfüllen* |
| tantus | *so groß* | plēnus | *voll* |
| quantus | *wie groß* | quamquam | *obwohl* |
| bellāre | *Krieg führen* | mūrus | *Mauer* |
| animus | *Sinn, Geist, Mut* | proelium | *Kampf* |
| orbāre | *berauben* | posse | *können* |
| sibi | *sich* | dēcertāre | *entscheidend kämp- fen* |
| conciliāre | *gewinnen* | ausus est | *hat gewagt* |
| uterque | *beide* | secundus | *folgend, günstig, zweiter* |
| frētus | *vertrauend auf* | | |
| tōtus | *ganz* | ultimus | *letzter* |

## Übung 4 B

Tantum bellum fuit, quantum nunquam anteā. potest adver-
sāriōs prōpulsāre. perīculum māgnum nōn timēbat. māgnō cum
animō adversus Etruscōs pūgnāvērunt. Rōmānī mundum
glōriā implēvērunt. pater, peccāvī.

Perīculum in morā. Ultrā posse nēmō obligātur.

Iliacōs intrā mūrōs peccātur et extrā.

| nunquam | *niemals* | mora | *Verzögerung, Säumnis* |
|---|---|---|---|
| anteā | *vorher* | ultrā (*acc.*) | *jenseits, darüber hinaus* |
| posteā | *nachher* | intrā (*acc.*) | *innerhalb* |
| ante (*acc.*) | *vor* | extrā (*acc.*) | *außerhalb* |
| post (*acc.*) | *nach* | nēmō | *niemand* |
| māgnus | *groß* | obligāre | *verpflichten* |
| mundus | *Welt* | Ilium | *Ilium = Troia* |
| peccāre | *sündigen* | Iliacus | *Ilisch, trojanisch* |
| pater | *Vater* | | |

Von Stück 4 an erscheinen in den B-Übungen gelegentlich
Verse, besonders Hexameter.

Der daktylische Hexameter — in dem z. B. Goethe „Her-
mann und Dorothea" dichtete — besteht aus sechs Versfüßen
(= metra), daher Hexameter (Gr. hex = sechs) genannt, auch
„versus hērōicus" = epischer Vers.

Jeder Versfuß ist ein dactylus (Gr. daktylos = Finger),
eine betonte lange Silbe, auf die zwei unbetonte kurze Silben
folgen; diese können durch eine lange unbetonte Silbe ver-
treten werden, außer im 5. Fuße; der letzte Daktylus des Verses
hat nur zwei Silben. Also: $\_\cup\cup\_\cup\cup\_\cup\cup\_\cup\cup\_\cup\cup\_\cup$.

Manchmal schließt sich dem Hexameter ein sogen. Pentameter an, so daß ein Distichon = Zweizeiler (Gr. stichos Zeile)
entsteht; so in 6 B und 16 B.

Der Pentameter ist eigentlich auch ein Hexameter, denn er hat 6 betonte Längen; aber der Name ist errechnet als 2 mal 2½, weil der Hexameteranfang _⌣⌣_⌣⌣_ zweimal wiederholt wird, möglichst, in der 2. Hälfte immer, mit reinen Daktylen. Wortende in der Fuge zwischen beiden Hälften: Versbild:

$$\_\overset{'}{\smile\smile}\_\overset{'}{\smile\smile}\_\_\overset{'}{\smile\smile}\_\smile\smile\_.$$

## 4 C₁    Grammatik (Formenlehre)

| Prōnōmen dēmōnstrātīvum | | | Prōnōmen relātīvum | | |
|---|---|---|---|---|---|
| *Hinweisendes Fürwort* | | | *Bezügliches Fürwort* | | |
| *dieser* | | | *welcher, der* | | |
| hĭc | haec | hoc | quī | quae | quod |
| hūius | hūius | hūius | cūius | cūius | cūius |
| huĭc | huĭc | huĭc | cuī | cuī | cuī |
| hunc | hanc | hoc | quem | quam | quod |
| ab hōc | hāc | hōc | ā quō | ā quā | quō |
| hĭ | hae | haec | quī | quae | quae |
| hōrum | hārum | hōrum | quōrum | quārum | quōrum |
| hĭs | hĭs | hĭs | quibus | quibus | quibus |
| hōs | hās | haec | quōs | quās | quae |
| ab hĭs | hĭs | hĭs | ā quibus | quibus | quibus |

## 4 C₂    Perfektstamm I. und II. Konjugation und „esse"

| Infinitivus perfecti | | | |
|---|---|---|---|
| laudāvisse *gelobt haben* - dēlēvisse *zerstört haben* - fuisse *gewesen sein* | | | |
| Indicativus perfecti | | | |
| laudāvī | *ich habe gelobt* | dēlēvī | *ich habe zerstört* |
| laudāvistī | *du hast gelobt* | dēlēvistī | *du hast zerstört* |
| laudāvit | *er hat gelobt* | dēlēvit | *er hat zerstört* |
| laudāvimus | *wir haben gelobt* | dēlēvimus | *wir haben zerstört* |
| laudāvistis | *ihr habt gelobt* | dēlēvistis | *ihr habt zerstört* |
| laudāvērunt | *sie haben gelobt* | dēlēvērunt | *sie haben zerstört* |
| fuī | *ich bin gewesen* | fuimus | *wir sind gewesen* |
| fuistī | *du bist gewesen* | fuistis | *ihr seid gewesen* |
| fuit | *er ist gewesen* | fuērunt | *sie sind gewesen* |
| Indicativus plusquamperfecti | | | |
| laudāveram | *ich hatte gelobt* | dēlēveram | *ich hatte zerstört* |
| laudāverās | *du hattest gelobt* | dēlēverās | *du hattest zerstört* |
| laudāverat | *er hatte gelobt* | dēlēverat | *er hatte zerstört* |

Indicativus plusquamperfecti

| | | | |
|---|---|---|---|
| laudāverāmus | *wir hatten gelobt* | dēlēverāmus | *wir hatten zerstört* |
| laudāverātis | *ihr hattet gelobt* | dēlēverātis | *ihr hattet zerstört* |
| laudāverant | *sie hatten gelobt* | dēlēverant | *sie hatten zerstört* |
| fueram | *ich war gewesen* | fuerāmus | *wir waren gewesen* |
| fuerās | *du warst gewesen* | fuerātis | *ihr wart gewesen* |
| fuerat | *er war gewesen* | fuerant | *sie waren gewesen* |

Indicativus futuri exacti (= futuri II.)

| | | | |
|---|---|---|---|
| laudāverō | *ich werde gelobt haben* | dēlēverō | *ich werde zerstört h.* |
| laudāveris | *du wirst gelobt haben* | dēlēveris | *du wirst zerstört h.* |
| laudāverit | *er wird gelobt haben* | dēlēverit | *er wird zerstört h.* |
| laudāverimus | *wir werden gelobt haben* | dēlēverimus | *wir werden zerst. h.* |
| laudāveritis | *ihr werdet gelobt haben* | dēlēveritis | *ihr werdet zerst. h.* |
| laudāverint | *sie werden gelobt haben* | dēlēverint | *sie werden zerst. h.* |
| fuerō | *ich werde gewesen sein* | fuerimus | *wir werden gewesen sein* |
| fueris | *du wirst gewesen sein* | fueritis | *ihr werdet gewesen sein* |
| fuerit | *er wird gewesen sein* | fuerint | *sie werden gewesen sein* |

Coniunctivus perfecti

| | | | |
|---|---|---|---|
| cum laudāverim | *da ich gelobt habe* | dēlēverim | *da ich zerst. habe* |
| cum laudāveris | *da du gelobt hast* | dēlēveris | *da du zerstört hast* |
| cum laudāverit | *da er gelobt hat* | dēlēverit | *da er zerstört hat* |
| cum laudāverimus | *da wir gelobt haben* | dēlēverimus | *da wir zerst. haben* |
| cum laudāveritis | *da ihr gelobt habt* | dēlēveritis | *da ihr zerst. habt* |
| cum laudāverint | *da sie gelobt haben* | dēlēverint | *da sie zerst. haben* |
| cum fuerim | *da ich gewesen bin* | cum fuerimus | *da wir gewesen sind* |
| cum fueris | *da du gewesen bist* | cum fueritis | *da ihr gewesen seid* |
| cum fuerit | *da er gewesen ist* | cum fuerint | *da sie gewesen sind* |

Coniunctivus plusquamperfecti

| | | | |
|---|---|---|---|
| laudāvissem | *ich hätte gelobt* | dēlēvissem | *ich hätte zerstört* |
| laudāvissēs | *du hättest gelobt* | dēlēvissēs | *du hättest zerstört* |
| laudāvisset | *er hätte gelobt* | dēlēvisset | *er hätte zerstört* |
| laudāvissēmus | *wir hätten gelobt* | dēlēvissēmus | *wir hätten zerstört* |
| laudāvissētis | *ihr hättet gelobt* | dēlēvissētis | *ihr hättet zerstört* |
| laudāvissent | *sie hätten gelobt* | dēlēvissent | *sie hätten zerstört* |
| fuissem | *ich wäre gewesen* | fuissēmus | *wir wären gewesen* |
| fuissēs | *du wärest gewesen* | fuissētis | *ihr wäret gewesen* |
| fuisset | *er wäre gewesen* | fuissent | *sie wären gewesen* |

## „Posse" können                    **4 C₃**

Wurzel pot- (potentia Macht); t wird dem s angeglichen.

possum potes potest possumus potestis possunt
poteram poterās poterat poterāmus poterātis poterant
poterō poteris poterit poterimus poteritis poterunt
Konjunktive: possim possis ... possem possēs
Perfektstamm: potuī potueram potuerō — cum potuerim potuissem
       — potuisse

**4 C₄** Eine Mittelstellung zwischen gewöhnlicher und pronominaler Deklination haben die Adiectiva pronominalia ūnus, sōlus, tōtus, ūllus, uter, alter, neuter, nūllus (einer, allein, ganz, irgend einer, welcher von beiden?, der eine, der andere, keiner von beiden, keiner). Sie deklinieren wie alle anderen Adjektive auf -us, -a, -um der I. und II. Deklination, haben aber im *gen. sing.* die Endung -īus, im *dat. sing.* -ī. Also ūnīus, ūnī, tōtīus, tōtī, alterīus, alterī usw.

Uterque „alle beide" bleibt immer Singular: uterque necātus est beide sind erschlagen worden. — aliī ... aliī die einen ... die anderen.

---

**5 A**

# 5. Stunde

Nōndum mātūrus imperiō Ascānius, Aenēae fīlius, erat; tamen post mortem patris tūtēlā Lavīniae mātris rēgnum avītum paternumque puerō stābat, neque Mezentius Etruscīque neque ūllī aliī accolae arma movēre audēbant. multīs annīs post, cum rēgnum iam fīrmum esset, Amūlius Numitōrem frātrem, cuī rēgnum ā patre lēgātum erat, dēmōvit, stirpem ēius virīlem necāvit, fīliam Ream Silviam Vestālem lēgit; nam illae sacerdōtēs innūptae esse dēbēbant.

| | | | |
|---|---|---|---|
| nōndum | *noch nicht* | audēre | *wagen* |
| nōn iam | *nicht mehr* | multī, -ae, -a | *viele* |
| mātūrus (*dat.*) | *reif für* | frāter frātris | *Bruder* |
| imperium | *Befehl, Herrschaft,*⎫ | lēgāre | *verfügen, als Ge-* |
| imperāre | *befehlen* [*Reich*]⎭ | | *sandten bestimmen* |
| tamen | *trotzdem, dennoch* | lēgātus | *Gesandter* |
| mors, mortis *f* | *Tod* | dēmovēre | *entfernen, vertreiben* |
| pater patris *m* | *Vater* | movēre | *bewegen* |
| paternus | *väterlich* | stirps stirpis *f* | *Stamm, Sproß,* |
| tūtēla | *Schutz* | | *Nachkomme* |
| tūtus | *sicher* | virīlis | *männlich* |
| māter mātris *f* | *Mutter* | Vestālis | *Vestalin* |
| māternus | *mütterlich* | lēgit | *hat auserlesen* |
| avus | *Großvater* | ille illa illud | *jener, jene, jenes* |
| avītus | *großväterlich* | sacerdōs -dōtis | *Priester, Priesterin* |
| stāre stō | *stehen, verbleiben* | innūpta | *unverheiratet* |
| stetī statum | | iam *adv.* | *schon* |
| neque ... neque | *weder ... noch* | rēgnum | *Königreich, Königs-* |
| arma movēre | *die Waffen ergreifen* | | *herrschaft* |

| -que | und | nam | denn, nämlich |
|------|-----|-----|---------------|
| alius | ein anderer | multīs annīs | viele Jahre später |
| alter | der andere | post | |

## Übung 5 B

Māgnō in honōre sunt. ante mortem patris mātrisque. rēgnum patris = rēgnum paternum. imperium Rōmānum. multa perīcula stant circum eum. multō sanguine et vulneribus ea victōria Poenīs stetit (kam zu stehen = kostete). nihil, quō stat locō, stābit semper.

| honor, honōris *Ehre* | | Poenus | *Punier* |
|---|---|---|---|
| *m* | | genus generis *n* | *Geschlecht, Art,* |
| honestus | *ehrenvoll, ehrenhaft* | | *Gattung* |
| honōrāre | *ehren* | tempus tempo- | *Zeit* |
| pēs, pedis *m* | *Fuß* | ris *n* | |
| circum *acc.* | *um … herum* | nōmen nōmi- | *Name* |
| victor -ōris | *Sieger* | nis *n* | |
| victōria | *Sieg* | semper *adv.* | *immer* |
| sanguis sangui- | *Blut* | rēx, rēgis | *König* |
| nis *m* | | rēgius | *königlich* |
| vulnus vulne- | *Wunde* | rēgnāre | *herrschen* |
| ris *n* | | | |

## Grammatik (Formenlehre) 5 C₁

### Konsonantische III. Deklination

Die Endungen der III. Deklination sind im *masculinum* und *femininum* -is, -ī, -em, im *gen., dat.* und *acc. singularis,* im *abl.* -e; -ēs, -um, -ibus, -ēs, -ibus im Plural.

| Nōminātīvus: | honor | rēx | nōmen | genus |
|---|---|---|---|---|
| Genetīvus: | honōris | rēgis | nōminis | generis |
| Datīvus: | honōrī | rēgī | nōminī | generī |
| Accūsātīvus: | honōrem | rēgem | nōmen | genus |
| Ablātīvus: | honōre | ā rēge | nōmine | genere |
| Nōminātīvus: | honōrēs | rēgēs | nōmina | genera |
| Genetīvus: | honōrum | rēgum | nōminum | generum |
| Datīvus: | honōribus | rēgibus | nōminibus | generibus |
| Accūsātīvus: | honōrēs | rēgēs | nōmina | genera |
| Ablātīvus: | honōribus | ā rēgibus | nōminibus | generibus |

In den *neutris* lautet natürlich der Akkusativ wie der Nominativ; seine Pluralendung ist wieder -a. Vgl. 1 C 3.

Die Nominative sind in vielen Fällen = dem Stamm oder = dem Stamm + s. Beispiel: honōr-, Nominativ honor, rēg-, Nominativ rēgs, geschrieben rēx. Es kommen Vokal-

änderungen vor : nōmin-, Nom. nōmen. Der Stamm genes-
ist zu genus im Nominativ und zu gener- in den anderen Kasus
geworden. Ebenso opus Werk, Arbeit, Mühe; Stamm, eigentlich opes-, zu operis im Genetiv geworden.

*Masculina* und *Feminina* lauten nicht auf -n aus, daher für
gr. Apollōn im Lateinischen Apollō im Nominativ, gen.
Apollinis, ferner homō, hominis Mensch.

T-Laut fällt vor s im Nominativ aus: sacerdōt-s wird
sacerdōs; custōs, custōdis Wächter, mors, mortis *f* Tod;
pēs, pedis *m* Fuß zeigt Dehnung im Nom.

Beim Einprägen der Wörter der 3. Deklination ist es besonders wichtig, mit dem Nominativ zugleich auch Genetiv
(Stamm!) und Genus zu lernen.

**5 C₂**   Zu dieser I. Gruppe der 3. Deklination gehören:

---

1. Maskulina und Feminina mit einem Konsonanten am Ende
   des Stammes,
2. Neutra auf -us und -en im Nominativ,
3. alle Komparative, z. B.:
   longior *länger* (longus = *lang*), pulchrior *schöner,*
4. die Adjektive pauper, pauperis = *arm,* dīves, dīvitis = *reich,*
   princeps, prīncipis = *erster, vornehmster, Gebieter,* vetus, veteris
   = *alt,* particeps, participis = *teilhaft, beteiligt,* sōspes, sōspitis =
   *wohlbehalten, glücklich*

---

**5 C₃**   **Zur II. Konjugation**

Nur Verben mit -l- vor dem Bildevokal -e-, also dēleō,
fleō ich weine, impleō ich fülle ein, haben Stammformen mit
-v- (flēvī, flētum), alle anderen haben entweder -ui und -itum,

| z. B. | habēre *haben* | habeō | habuī | habitum |
|-------|----------------|-------|-------|---------|
|       | monēre *ermahnen* | moneō | monuī | monitum |

oder im Perfektstamm Vokaldehnung,

| z. B. | movēre *bewegen* | | moveō | mōvī | mōtum |
|-------|------------------|--|-------|------|------|
|       | cavēre *sich hüten, in acht nehmen* | caveō | cāvī | cautum |
|       | favēre *günstig sein* | | faveō | fāvī | fautum |

(Das v erscheint also *konsonantisch* als -v- oder *vokalisch* als -u-)

| sedēre *sitzen* | sedeō | sēdī | sessum (*aus* sed-tum) |
|-----------------|-------|------|------------------------|
| vidēre *sehen* | videō | vīdī | vīsum (*aus* vid-tum) |

## 5 C₄

Das Demonstrativpronomen ille, illa, illud jener zeigt pronominales -d im Nominativ des Neutrums, wie id und quid. Auch alius ein anderer hat im Neutrum aliud, vgl. 4 C 4.

Im Genetiv und Dativ des Singulars erscheint illīus und illī, sonst Deklination wie die der Adjektive auf -us, -a, -um.

## Satzlehre 5 D

Der Ablativus kommt oft als Kasus des Mittels oder des Werkzeugs vor (ablātīvus īnstrumentī) auf die Frage „womit" oder „wodurch". Ursprünglich ein besonderer cāsus īnstrumentālis des Indogermanischen: tūtēlā Lavīniae durch den Schutz der Lavinia (Mittel), unter Obhut der Lavinia (im Deutschen räumliche Anschauung); bellō spectātī durch den Krieg d. h. durch Kriegstaten angesehen, berühmt; datā dextrā mit (durch) Handschlag.

---

# 6. Stunde 6 A

Sed Mars deus, ut fāma est, dē eā puerōs geminōs prōcreāvit. sacerdōs ā rēge īrātō in custōdiam data est, servīs imperātum est, ut puerōs in aquam Tiberis amnis mitterent. is tum forte redundābat. itaque alveus, in quō expositī erant puerī, aquā refluā in siccō stetit puerīsque flentibus lupa mammam praebuit; tum ā Faustulō, magistrō armentōrum rēgiōrum, servātī et uxōrī ēducandī datī sunt.

| | | | |
|---|---|---|---|
| Mars, Martis | Kriegsgott Mars | mittere | schicken, lassen |
| deus, deī | Gott | tum, tunc adv. | damals |
| ut | wie | nunc adv. | jetzt |
| fāma | Sage, Kunde, Gerücht | fors, fortis f | Zufall, Geschick |
| geminus | Zwilling | forte | zufällig |
| creāre | erschaffen, wählen | unda | Welle, Woge |
| prōcreāre | hervorbringen, zeugen | redundāre | übertreten |
| īrātus | erzürnt | ita | so |
| custōdia | Wache, Hut, Ge-fängnis | itaque | und so, daher, deshalb |
| servus | Sklave, Diener | alveus | Wanne, Trog, Fluß- |
| aqua | Wasser | (al-ve-us) | bett; Kahn |
| Tiberis, -is m | Tiber | expositus | ausgesetzt |
| amnis, -is m | Fluß (südd. Emme) | refluus | zurückflutend |

| siccus | trocken | | arātrum | Pflug |
|---|---|---|---|---|
| flēns, flentis | weinend | | armentum | Pflugtier, Herde |
| lupa, lupus | Wölfin, Wolf | | servāre | retten, bewahren |
| mamma | Brust, Zitze | | uxor, uxōris f | Gattin, Ehefrau |
| praebēre | reichen, gewähren | | ēducāre | erziehen |
| arāre | pflügen | | | |

## 6 B                    Übung

O tempora, ō mōrēs! genere rēgiō nātus erat. multa genera
mortis sunt. erat aegrīs pedibus. īrā īnflammātus rēx Amūlius
Numitōris fīliam in custōdiam dedit. Aenēās fīliō nōmen dedit
Ascānium.

Nōn omnia possumus omnēs. Per mē rēgēs rēgnant (Inschrift
der alten Deutschen Kaiserkrone).

> Fortēs creantur fortibus et bonīs (Horaz).
> Nīl sine māgnō|vīta labōre dedit mortālibus (Horaz).
> Dīcunt multum legendum esse, nōn multa (Plinius).
> Dōnec eris sōspes, multōs numerābis amīcōs,
> Tempora sī fuerint nūbila, sōlus eris (Ovid).

Beāti possidentēs (Rechtserkenntnis).

| mōs, mōris m | Sitte | | numerāre | zählen |
|---|---|---|---|---|
| nātus | geboren | | sī, nisi | wenn, wenn nicht |
| omnēs, omnia | alle | | nūbilus | wolkig, umwölkt |
| possidēre | besitzen | | beātus | glücklich, selig |
| per mē | durch mich | | fortis, forte | tapfer |
| per acc. | durch | | flamma | Flamme |
| īra | Zorn | | īnflammātus | entflammt |
| numerus | Zahl | | | |

## 6 C₁          Grammatik (Formenlehre)
### Vokalische III. Deklination (-i-Gruppe)

Dieselben Endungen wie in der konsonantischen Gruppe,
aber im *Ablativus singulāris* -ī, im *Neutrum plūrālis* -ia, im
*Genetivus plūrālis* -ium. Ferner treten die Akkusativendungen
-im und -īs für -em und -ēs auf.

| mare *Meer*, animal *Tier*, turris *Turm*; ācer, ācris, ācre *scharf, schneidig* | | | | | |
|---|---|---|---|---|---|
| *n* | *n* | *f* | *m* | *f* | *n* |
| mare | animal | turris | ācer | ācris | ācre |
| maris | animālis | turris | | ācris | |
| marī | animālī | turrī | | ācrī | |
| mare | animal | turrim | ācrem | ācrem | ācre |
| marī | animālī | turrī | | ācrī | |

mare *Meer,* animal *Tier,* turris *Turm;* ācer, ācris, ācre *scharf, schneidig*

| *n* | *n* | *f* | *m* | *f* | *n* |
|---|---|---|---|---|---|
| maria | animālia | turrēs | ācrēs | ācrēs | ācria |
| marium | animālium | turrium | | ācrium | |
| maribus | animālibus | turribus | | ācribus | |
| maria | animālia | turrīs | ācrēs | ācrēs | ācria |
| maribus | animālibus | turribus | | ācribus | |

## Zu dieser II. Gruppe der 3. Deklination gehören:

1. die Neutra auf -e, -al, -ar im *nom. sing.*: mare *Meer,* animal *Lebewesen,* exemplar, exemplāris *Beispiel, Muster;*
2. grundsätzlich die Adjektive; von diesen haben einige drei besondere Formen im *nom sing.* ācer, ācris, ācre, manche nur zwei: brevis (*m, f*) breve (*n*), andere nur eine für alle drei *genera:* audāx *kühn, gen.* audācis;
3. die *fēminīna* turris *Turm,* sitis *Durst,* febris *Fieber,* puppis *Achterdeck,* secūris *Beil* (secāre, secuī, sectum *schneiden*), vīs *Kraft* (*acc.* vim, *abl.* vī), im Plural vīrēs, vīrium *Kräfte;*
4. einige, oft aus dem Griechischen übernommene, Fluß- und Stadtnamen, z. B. Tiberis *Tiber,* Neāpolis *Neapel.*

## Passivum der I. und II. Konjugation　　6 C₂

| laudārī *gelobt werden* | | dēlērī *zerstört werden* | |
|---|---|---|---|
| **Präsens:** | | | |
| laudor | lauder | dēleor | dēlear |
| laudāris | laudēris | dēlēris | dēleāris |
| laudātur | laudētur | dēlētur | dēleātur |
| laudāmur | laudēmur | dēlēmur | dēleāmur |
| laudāminī | laudēminī | dēlēminī | dēleāminī |
| laudantur | laudentur | dēlentur | dēleantur |
| **Imperfektum:** | | | |
| laudābar | laudārer | dēlēbar | dēlērer |
| laudābāris | laudārēris | dēlēbāris | dēlērēris |
| laudābātur | laudārētur | dēlēbātur | dēlērētur |
| laudābāmur | laudārēmur | dēlēbāmur | dēlērēmur |
| laudābāminī | laudārēminī | dēlēbāminī | dēlērēminī |
| laudābantur | laudārentur | dēlēbantur | dēlērentur |
| **Futurum:** | | | |
| laudābor | | dēlēbor | |
| laudāberis | | dēlēberis | |
| laudābitur | | dēlēbitur | |
| laudābimur | | dēlēbimur | |
| laudābiminī | | dēlēbiminī | |
| laudābuntur | | dēlēbuntur | |

Übersichtlich heben sich die Passivendungen -r, -ris, -tur, -mur, -mini, -ntur von den aktiven Endungen -ō, -s, -t, -mus, -tis, -nt ab.

## 6 C₃ Weitere Nominalformen des Verbs

a) Mit dem Kennzeichen -nt- (entsprechend deutschem -nd-) das *participium praesentis actīvī*

| | | |
|---|---|---|
| laudāns | laudantis | *lobend* |
| dēlēns | dēlentis | *zerstörend* |
| absēns | absentis | *abwesend* |

Diese Participien deklinieren nach der III. Deklination, Misch-klasse (7 C 1); zu esse gibt es nur die Partizipien *praesēns* an-wesend, gegenwärtig und *absēns*.

b) Mit dem Kennzeichen -nd-, also gleichlautend mit dem Gerundium (2 C 4), die Sollform = Gerundīvum:

| | |
|---|---|
| laudandus | *einer, der gelobt werden soll (muß), ein zu lobender* |
| dēlendus | *einer, der zerstört werden soll (muß), ein zu zerstörender* |

Katos politische Überzeugung: Carthāgo dēlenda est = Karthago muß zerstört werden. Weiteres über das Gerun-dīvum 26 D.

c) Das *participium futūrī actīvī* auf -ūrus:

| | |
|---|---|
| laudātūrus | *einer, der loben wird, der im Begriff ist zu loben* |
| dēlētūrus | *einer, der zerstören wird, der im Begriff ist zu zerstören* |
| futūrus | *einer der sein wird, zukünftig* |

## 6 D Satzlehre

### Transitive und intransitive Verben

Der Akkusativ ist der Kasus des näheren oder unmittelbaren Objekts. Er wird bei Umwandlung des Gedankens in passive Form zum Subjekt. Solche Verba, deren Passiv persönlich ist, nennt man *trānsitīva*: Faustulus puerōs servāvit: A Faustulō puerī servātī sunt. Das bisherige Subjekt steht nunmehr im passiven Satze im Ablativ mit ab.

Der Dativ ist der Kasus des mittelbaren oder entfernteren Objekts. Bei Umwandlung ins Passivum behält er seine Form: Faustulus uxōrī puerōs ēducandōs dedit: A Faustulō puerī educandī uxōrī datī sunt.

Intransitive Verben haben ein unpersönliches Passiv in der 3. Person: In Siciliam nāvigāmus: nāvigātur in Siciliam. Pūgnant: pūgnātur. Solche Passiva übersetzen wir oft mit „man", also unbestimmt persönlich (vgl. 13 D).

---

# 7. Stunde 7 A

Paulātim Rōmulus et Remus, frātrēs geminī, aetāte adultī et corporibus animīsque corrōborātī, nōn sōlum ferās vēnābantur, sed etiam praedōnēs praedā onustōs petēbant et cum aequālibus sēria ac iocōs celebrābant. cum tālī lūdō quondam dēditī essent, latrōnēs ob īram praedae āmissae iīs īnsidiātī sunt. Rōmulus effūgit, Remum cēpērunt captumque Amūliō rēgī trādidērunt.

| | | | |
|---|---|---|---|
| paulātim *adv.* | *allmählich* | aequus | *gleich, billig* |
| aetās, aetātis *f* | *Alter* | aequālis | *gleichaltrig* |
| adultus | *herangewachsen* | sērius | *ernsthaft, ernstlich* |
| corpus, -oris *n* | *Körper, Leiche* | iocus | *Scherz, Kurzweil* |
| corrōborāre | *stärken* | celebrāre | *treiben* |
| rōbur, rōboris *n* | *Stärke, Kernholz* | celeber, -bris, | *beliebt, berühmt, be-* |
| sōlum *adv.* | *nur* | -bre | *sucht* |
| etiam *adv.* | *auch* | tālis | *so beschaffen* |
| fera | *wildes Tier, Wild* | quālis | *wie beschaffen* |
| vēnārī | *jagen* | lūdus | *Spiel* |
| vēnātor | *Jäger* | quondam | *einst* |
| praedō, -nis | *Räuber* | dēditus | *ergeben* |
| praeda | *Beute* | latrō, -nis | *Räuber* |
| praedārī | *Beute machen* | ob īram | *aus Zorn* |
| onus, oneris *n* | *Last* | āmissus | *verloren* |
| onustus | *beladen, belastet* | īnsidiae | *Hinterhalt* (19 $C_3$) |
| onerāre | *beschweren* | īnsidiārī | *nachstellen* |
| petere | *zu erreichen suchen* | effūgit | *ist entflohen* |
| pāstor, -is | *Hirt* | fuga | *Flucht* |
| raptus | *geraubt* | fugāre | *in die Flucht schlagen* |
| rapere | *rauben* | capere (8 $C_3$) | *nehmen, fassen* |
| ferus | *wild* | trādere | *übergeben, überliefern* |
| dīvidere | *teilen, verteilen* | trāditiō, -nis *f* | *Überlieferung* |

## Übung 7 B

Maria omnia et flūmina plēna animālium variōrum sunt. multae īnsulae in marī Aegaeō sunt. puerī ēducandī sunt. ferās vēnārī māgnum gaudium est vēnātōrum. latrōnes īrā īnflammātī erant. Remus īnsidiās latrōnum nōn effūgit. praedōnes captī sunt. multa ā poētīs memorantur. puerī pigrī laudandī nōn sunt. Athēnae virōrum fortium et audācium patria fuērunt.

> Arma virumque canō, Trōiae quī prīmus ab ōrīs
> Italiam fātō profugus Lāvīniaque vēnit
> Lītora, multum ille et terrīs iactātus et altō
> lies: multillet
> Vī superūm saevae memorem Iūnōnis ob īram.

*(Vers 1 bis 4 des I. Buches aus Vergils Aenëis.)*

| | | | |
|---|---|---|---|
| flūmen, -inis n | *Fluß* | superūm = | superōrum |
| varius | *verschieden, bunt* | saevus | *wild, grimmig* |
| Aegaeus | *Ägäisch* | memor | *eingedenk = unver-* |
| gaudium | *Freude* | | *söhnlich* |
| canere, canō | *singen, spielen* | memoria | *Erinnerung, Ge-* |
| ōra | *Küste, Gestade* | | *dächtnis* |
| fātum | *Geschick* | memorābilis | *denkwürdig* |
| fātālis | *verhängnisvoll* | memorāre | *erwähnen* |
| lītus, lītoris n | *Küste* | Iūnō, Iūnōnis | *Juno(Himmelsgöttin)* |
| Lāvīnius | *Lavinisch* | ob acc. | *wegen* |
| iactāre | *werfen, verschlagen* | propter acc. | *wegen* |
| altus | *hoch, tief* | venīre | *kommen* |
| altum, -ī n | *das hohe Meer* | vēnit | *ist gekommen* |
| superī | *die Überirdischen* | | |

Konstruiere: ab ōrīs Trōiae - (in) Italiam et Lāvīnia lītora - saevae Iūnōnis - multum viel *adverbial*.

## 7 C₁  Grammatik (Formenlehre)

### III. Deklination (Mischklasse)

Endungen: im *abl. sing.* -e, im *neutr. plur.* -ia, in den *gen. plur.* -ium.

| | ars *Kunst* | cīvis *Bürger* | nūbēs *Wolke* | laudāns *lobend* | | |
|---|---|---|---|---|---|---|
| | f | m | f | m f | | n |
| N.: | ars | cīvis | nūbēs | laudāns | | |
| G.: | artis | cīvis | nūbis | laudantis | | |
| D.: | artī | cīvī | nūbī | laudantī | | |
| Acc.: | artem | cīvem | nūbem | laudantem | laudāns | |
| Abl.: | arte | ā cīve | nūbe | laudante | | |
| N.: | artēs | cīvēs | nūbēs | laudantēs | laudantia | |
| G.: | artium | cīvium | nūbium | laudantium | | |
| D.: | artibus | cīvibus | nūbibus | laudantibus | | |
| Acc.: | artēs | cīvēs | nūbēs | laudantēs | laudantia | |
| Abl.: | artibus | ā cīvibus | nūbibus | laudantibus | | |

Zu dieser III. Gruppe der 3. Deklination gehören:

1. Sogenannte gleichsilbige Substantive auf -is und -es, d. h. Substantive mit gleicher Silbenzahl im Nominativ und Genetiv des Singulars (also nicht z. B. mīles, mīlitis der Soldat).

2. Substantive mit mehr als einem Konsonanten am Stammende (z. B. -rb am Ende des Stammes urb-: urbs Stadt). Pater, māter, frāter haben eine Sonderstellung im *gen. pl.*: patrum, mātrum, frātrum, meist auch parentum der Eltern.

3. Die *participia praesentis actīvī*, soweit sie nicht voll adjektivisch geworden sind: ā prōvidente virō von einem vorausschauenden Manne, ā prūdentī virō von einem klugen Manne (prūdēns klug, prūdentia Klugheit).

## III. (konsonantische) Konjugation (Präsensstamm) 7 C₂

| | | legere *lesen* | | |
|---|---|---|---|---|
| Präsens: | | Imperfectum: | | Futurum: |
| Indikativ: | Konjunktiv: | Indikativ: | Konjunktiv: | |
| legō | legam | legēbam | legerem | legam |
| legis | legās | legēbās | legerēs | legēs |
| legit | legat | legēbat | legeret | leget |
| legimus | legāmus | legēbāmus | legerēmus | legēmus |
| legitis | legātis | legēbātis | legerētis | legētis |
| legunt | legant | legēbant | legerent | legent |

Die Formen fallen weniger ins Ohr als die mit klangvollem -a- und -e- gebildeten Endungen der I. und II. Konjugation.

## Deponentia 7 C₃

Eine Reihe Verben hat zu passiver Form aktive Bedeutung, auch nach dem Empfinden der Römer: admīrātus est er hat bewundert, ausus est er hat gewagt, vēnābantur sie jagten, īnsidiātī sunt sie haben aufgelauert. Solche Verben nennt man *dēpōnentia*. Ihre Stammformen sind: vēnārī, vēnor, vēnātus sum.

Manche haben nur teilweise passive Form, z. B. audēre wagen, Stammformen: audēre, audeō, ausus sum. gaudēre sich freuen: gaudeō, gavīsus sum. solēre gewöhnt sein: soleō, solitus sum. Man nennt sie Semideponentia (sēmi- halb).

## 8 A 8. Stunde

Accūsābant frātrēs, quod māximē Numitōris agrōs vāstāvissent et inde hostīlem in modum praedās ēgissent. itaque Remus Numitōrī ad supplicium datus est; cum in custōdiā habērētur, Numitor admīrātus ēius minimē servīlem indolem interrogandō sibi persuāsit, quod Faustulus pāstor inde ab initiō suspicātus erat, frātrēs geminōs suae fīliae esse fīliōs.

Konstruktion: admīrātus ... indolem = weil er ... bewundert hatte. Von quod Faustulus ... suspicātus erat eingeschobener Satz.

| | | | |
|---|---|---|---|
| accūsāre (von causa) | anklagen | praedam agere | Beute wegtreiben |
| māximē adv. | hauptsächlich, am meisten | supplicium | Strafe, Hinrichtung |
| | | servīlis | sklavisch, knechtisch |
| quod | daß (mit Konjunktiv) | indolēs, -is f | Anlage, Begabung |
| vāstāre | verwüsten | persuadēre | überreden |
| vāstus | wüst, leer, gewaltig | (mit Dativ) | |
| hostis, -is m | Feind | mihi persuāsī | bin überzeugt |
| hostīlis, -e | feindlich | suspicārī | vermuten |
| modus | Art und Weise | modo adv. | soeben |

## 8 B Übung

Multae urbēs ad rīpās flūminum aedificātae sunt. multae urbium orīginēs incertae sunt. urbs Rōma caput Italiae fuit. in arce Capitōlīnā omnium deōrum aedēs fuērunt. forum Rōmānum rōstrīs nāvium expūgnātārum ōrnātum erat. aestāte caelum saepe ātrīs nūbibus obscūrātur.

Orandumst ut sit mēns sāna in corpore sānō. (Juvenal)
Est deus in nōbīs, agitante calēscimus illō. (Ovid)
Una salūs victīs nūllam spērāre salūtem. (Vergil)
Salūs populī suprēma lēx. (Cicero)
Festīnā lentē! Dīvide et imperā!
Dat Galēnus opēs, dat Iūstiniānus honōrēs. Mors certa, hōra incerta.

| | | | |
|---|---|---|---|
| rīpa | *Ufer* | calidus | *warm* |
| aedēs, -is *f* | *Tempel* | calēscere | *warm werden* |
| aedificāre | *bauen* | mēns, mentis *f* | *Denken, Sinn, Ver-* |
| orīgō, -ginis *f* | *Ursprung* | | *stand* |
| cĕrtus | *sicher, gewiß* | mors, mortis *f* | *Tod* |
| incertus | *unsicher* | hōra | *Stunde* |
| caput, capitis *n* | *Haupt, Hauptstadt* | sānus | *gesund, heil* |
| arx, arcis *f* | *Burg* | salūs, salūtis *f* | *Wohl, Rettung, Heil* |
| Capitōlium | *Kapitol* | victus | *besiegt* |
| forum | *Markt* | spērāre | *hoffen* |
| rōstrum | *Schiffsschnabel* | suprēmus | *oberster, höchster,* |
| nāvis, nāvis *f* | *Schiff* | | *letzter* |
| expūgnāre | *erobern* | lēx, lēgis *f* | *Gesetz* |
| oppūgnāre | *belagern, bestürmen* | festīnāre | *eilen* |
| aestās, -tātis *f* | *Sommer* | lentus | *langsam, geduldig* |
| caelum | *Himmel, Klima* | Galēnus | *Arzt, Schriftsteller* |
| saepe | *oft* | opēs, opum *f* | *Mittel, Reichtum* |
| obscūrus | *dunkel* | honōrēs, -um | *Ehrenämter* |
| obscūrāre | *verdunkeln* | *m* | |
| imperium | *Befehl, Reich* | Iūstiniānus | *Kaiser, der das röm.* |
| imperātor | *Kaiser, Feldherr* | | *Recht aufzeichnen* |
| agitāre | *tätig sein* | | *ließ* |

Hilfen: ōrandumst aus ōrandum est -illō, nämlich: deō -ūna salūs, nämlich: est; nūllam spērāre salūtem ist das Subjekt des Satzes. -suprēma lēx: in der Zeit des Absolutismus sagte man: suprēma lēx rēgis voluntās (Wille). mors … Inschrift vieler Sonnenuhren. Galēn und Justinian für den ärztlichen und juristischen Beruf.

## Grammatik (Formenlehre)   8 C₁

### Prōnōmina persōnalia (Persönliche Fürwörter)

| | | | | | | | |
|---|---|---|---|---|---|---|---|
| ego | *ich* | tū | *du* | nōs | *wir* | vōs | *ihr* |
| meī | *meiner* | tuī | *deiner* | nostrī | *unser* | vestrī | *euer* |
| mihī | *mir* | tibī | *dir* | nōbīs | *uns* | vōbīs | *euch* |
| mē | *mich* | tē | *dich* | nōs | *uns* | vōs | *euch* |
| ā mē | *von mir* | abs tē | *von dir* | ā nōbīs | *von uns* | ā vōbīs | *von euch* |

### Prōnōmina reflexīva (Rückbezügliche Fürwörter)
Nur *cāsūs oblīquī*, also kein Nominativ:

| | | | |
|---|---|---|---|
| sing.: suī *seiner, ihrer, seiner* | sibi *sich* | sē *sich* | ā sē *von sich* |
| plur.: suī *ihrer* | sibi *sich* | sē *sich* | ā sē *von sich* |

Statt nostrī und vestrī werden nostrum und vestrum gebraucht, wenn es sich um den Teil eines Ganzen handelt:

quis vestrum? wer von euch?, nēmō omnium nostrum keiner
von uns allen (sogen. *genetivus partītīvus*, der das Ganze bezeichnet, von dem ein Teil genommen ist).

In Verbindung mit cum sagt man: mēcum mit mir, tēcum,
nōbīscum, vōbīscum.

Das *prōnōmen* der 3. Person wird durch is, ea, id ersetzt.

## 8 C₂    Perfektstamm der III. Konjugation

| Perfectum: | | Plusquamperfectum: | | Futurum II: |
|---|---|---|---|---|
| lēgī | lēgerim | lēgeram | lēgissem | lēgerō |
| lēgistī | lēgeris | lēgerās | lēgissēs | lēgeris |
| lēgit | lēgerit | lēgerat | lēgisset | lēgerit |
| lēgimus | lēgerimus | lēgerāmus | lēgissēmus | lēgerimus |
| lēgistis | lēgeritis | lēgerātis | lēgissētis | lēgeritis |
| lēgērunt | lēgerint | lēgerant | lēgissent | lēgerint |
| Infinitiv: lēgisse *gelesen haben* | | | | |

## 8 C₃    1. Gruppe der III. Konjugation

Die Verben der III. Konjugation bilden erfahrungsgemäß
die Hauptschwierigkeit beim Erlernen der Lateinischen Sprache.
Das liegt an der Mannigfaltigkeit der Stammformen. Faßt man
aber die Verben in Gruppen zusammen, die aus Gründen der
Lautgesetze Gemeinsames haben, so tritt dem Anfänger statt
der Verschiedenheiten Gemeinsames, Übereinstimmendes
gegenüber.

| | | | | | |
|---|---|---|---|---|---|
| legere | *lesen, sammeln* | legō | lēgī | lēctum | |
| agere | *treiben, verhandeln* | agō | ēgī | āctum | |
| emere | *nehmen, kaufen* | emō | ēmī | emptum / Wurzel: | |
| edere | *essen* | edō | ēdī | ēsum | ed- |
| Mit Nasal n im Präsensstamm: | | | | | |
| vincere | *siegen, besiegen* | vincō | vīcī | victum | vic- |
| frangere | *brechen* (transitiv) | frangō | frēgī | frāctum | frag- |
| rumpere | *brechen, zerreißen* | rumpō | rūpī | ruptum | rup- |
| relinquere | *lassen, hinterlassen* | relinquō | relīquī | relīctum | liq- |
| fundere | *gießen, ausschütten* | fundō | fūdī | fūsum | fud- |
| Mit -i-Erweiterung im Präsensstamm: | | | | | |
| capere | *nehmen, fassen* | capiō | cēpī | captum | cap- |
| facere | *machen, tun* | faciō | fēcī | factum | fac- |
| iacere | *werfen, schleudern* | iaciō | iēcī | iactum | iac- |
| fodere | *graben, stechen* | fodiō | fōdī | fossum | fod- |
| fugere | *fliehen* | fugiō | fūgī | fugitūrus | fug- |

Erläuterungen:

1. Wo Formen, z. B. der Perfektstamm, fehlen, läßt man diese Stammform aus; statt des *Supinums* lernt man bei fugere das *part. fut. act.* fugitūrus, einer, der zu entfliehen entschlossen ist.

2. In den Wurzeln der oben verzeichneten Verben ist der Vokal kurz; im Perfektum erscheint er gedehnt (Ablaut); -a- wird zu -ē- gedehnt, daher ēgī, frēgī, cēpī.

3. Der Nasal n erscheint vor p-Lauten als -m-.

4. Das *Supinum* wird auf -tum gebildet. Geht ein t-Laut voraus, so ergibt t-Laut + t ein -ss-, was häufig zu -s- vereinfacht wird: fudtum zu fūsum, edtum zu ēsum, fodtum zu fossum.

Zwischen Wurzel em- und Endung -tum schleicht sich ein „Übergangslaut" ein: em-p-tum.

5. Das i des Präsensstammes erscheint natürlich nicht im *coni. imperf.*, da dieser vom Infinitiv gebildet wird, also: capiō, capiam, capiēbam, caperem! und capiam.

Anknüpfungen: leg- lēctor Leser, lēctiō Lesen, Lektüre‚ legiō Legion, līgnum Leseholz, Holz, ēlegāns wählerisch· ag- āctor Schauspieler, Kläger, āctus, āctūs Vortrag, Gebärde, agmen Treiben, Zug, Marschkolonne, agitāre betreiben, behandeln. em- exemplar Muster, praemium Belohnung. ed- edāx, edācis gefräßig, ēsurīre essen wollen, hungern. vic- victor Sieger, victōria Sieg, invictus unbesiegt. frag- Fraktur von fractūra, fragmentum Bruchstück, naufragus schiffbrüchig. rup- ēruptiō Ausfall, corruptiō Verderben, Bestechung. liq- reliquus übrig, reliquiae Überreste. fud- cōnfundere vermischen, verwirren, cōnfūsus verwirrt. cap- captus, ūs Begriff, captīvus Gefangener, particeps teilnehmend, prīnceps der die erste Stelle hat, prīncipium Anfang, praecipuus vornehmlich. fac- facilis tunlich, leicht, difficilis schwer, factum Tat, īnfectus unverrichtet, facultās Gelegenheit, beneficium Wohltat, maleficium Schandtat, praefectus Vorgesetzter, Befehlshaber. iac- iaculum Wurfspieß, iactūra Verlust. fug- fugitīvus entlaufener Sklave, profugus flüchtig, fugāre in die Flucht schlagen, refugium Zuflucht. fod- fossa Graben.

## 8 D        Satzlehre

### Der accūsātīvus cum īnfīnītīvō

1. Puerī geminī fīliī fuērunt Reae Silviae.
Cōnstat puerōs geminōs fīliōs fuisse Reae Silviae.
Es steht fest, daß die Zwillinge Söhne der R. waren.

Es ist also ein ursprünglich selbständiger Gedanke nun
Subjekt (also Satzteil!) geworden zum Prädikat cōnstat = es
steht fest, es ist bekannt.

2. Persuāsit sibi puerōs geminōs fīliōs esse Reae Silviae;
hier ist derselbe Satz Objekt geworden zu sibi persuāsit = er
gewann die Überzeugung.

3. Idem iamdiū Faustulus pāstor suspicātus erat.

Das Objekt „idem" (dasselbe) kann ich nun durch Bericht
der Tatsache ersetzen: Faustulus pāstor iamdiū suspicātus
erat puerōs geminōs Reae Silviae esse fīliōs. Auch hier ist der
*acc. c. i.* ein Satzteil, und zwar Objekt zu suspicātus erat =
hatte vermutet, wie vorher idem.

Anwendung: Der *A. c. I.* steht **als Subjekt** bei unpersön-
lichen Ausdrücken: cōnstat, nōtum est es ist bekannt, vērī-
simile est es ist wahrscheinlich, oportet es ist in der Ordnung,
gehört sich.

Er steht **als Objekt** nach Verben des Meinens und Sagens,
putāre glauben, spērāre hoffen, narrāre erzählen, dīcere sagen.

——

## 9 A        9. Stunde

Tum Numitor et nepōtēs Amūlium rēgnō spoliāre cōnsti-
tuērunt: certō tempore cum Rōmulō pāstōrēs aliī aliīs
itineribus, nē quid rēx suspicārētur, ad rēgiam festīnā-
vērunt, accurrērunt aliī cum Remō, ut auxiliō illīs essent.
rēgem inopīnantem obtruncāvērunt; nam Numitor simu-
lāns hostēs invāsisse in urbem pūbem Albānam in arcem
āvocāverat, ut praesidiō armīsque obtinērētur.

| | | | | | |
|---|---|---|---|---|---|
| nepōs, nepōtis | *Enkel* | | iter, itineris *n* | *Gang, Weg, Reise* | |
| spoliāre | *berauben* | [*stellen*⟩ | nē quis | *damit niemand* | |
| cōnstituere | *beschließen;* | *auf-*⟩ | nē quid | *damit nichts* | |

| | | | |
|---|---|---|---|
| rēgia | *Königsburg* | similis | *ähnlich* |
| currere | *laufen, eilen* | dissimilis | *unähnlich* |
| accurrere | *herbei eilen* | invādere | *eindringen* |
| inopīnāns | *ahnungslos* | pūbēs, -is *f* | *junge Mannschaft* |
| opīnārī | *vermuten* | āvocāre | *abrufen* |
| opīniō, -nis *f* | *Meinung* | praesidium | *Schutz, Besatzung* |
| obtruncāre | *niederhauen* | obtinēre | *festhalten, behaupten* |
| truncus | *Baumstamm,Stumpf, Rumpf* | aliī aliīs itineribus | *die einen auf diesem, die anderen auf jenem Wege* |
| simulāre | *so tun als ob,heucheln* | | |

## Übung      9 B

Dīcunt Homērum caecum fuisse. cōnstat Hannibalem saepe Rōmānōs vīcisse. Da aber hier 2 Akkusative vorkommen, die Subjekt oder Objekt im A.c.I. sein könnten, wird der Gedanke besser — und dann eindeutig — im Passiv wiedergegeben: cōnstat Rōmānōs ab Hannibale saepe victōs esse. lēgem brevem esse oportet. rēx oppidum frūstra oppūgnārī vīdit. imperātor hostēs facile vincī posse mīrātus est. spērō lēgātōs nostrōs multum impetrātūrōs esse.

Caelum, nōn animum mūtant, quī trāns mare currunt. Tempora mūtantur nōs et mūtāmur in illīs. Nātūrālia nōn sunt turpia. Vōs exemplāria Graeca/nocturnā versāte manū, versāte diurnā. Actī labōrēs iūcundī.

| | | | |
|---|---|---|---|
| caecus | *blind* | nātūrālis | *natürlich* |
| saepe *adv.* | *oft* | nātūra | *Natur* |
| frūstra *adv.* | *vergeblich* | turpis | *häßlich, schimpflich* |
| impetrāre | *durchsetzen, erreichen* | nocturnus | *nächtlich* |
| facile *adv.* | *leicht* | nox, noctis *f* | *Nacht* |
| mīrārī | *sich wundern* | versāre | *drehen, hin und herwenden* |
| mūtāre | *verändern, verwandeln* | diurnus a um | *bei Tage* |
| mūtārī | *sich verändern* | labor, -ōris *m* | *Mühe, Anstrengung* |
| trāns *acc.* | *jenseits, über* | iūcundus | *erfreulich, angenehm* |
| | | manū | *in, mit der Hand* |

Hilfen: caelum Himmelsstrich, exemplāria die Römer lasen eifrig griechische Literatur, nocturnā manū die Hand wird dichterisch als nächtlich bezeichnet, statt adverbial „bei Tage, bei Nacht"; āctum ist, was man hinter sich gebracht, überstanden hat. — nātūrālia vgl. 3 D 1.

## 9 C₁ Grammatik (Formenlehre)

### Passivum der III. Konjugation
legī gelesen werden

| Indicativus: | | |
|---|---|---|
| *ich werde gelesen* | *ich wurde gelesen* | *ich werde gelesen werden* |
| legor | legēbar | legar |
| legeris | legēbāris | legēris |
| legitur | legēbātur | legētur |
| legimur | legēbāmur | legēmur |
| legimini | legēbāmini | legēmini |
| leguntur | legēbantur | legentur |
| Coniunctivus: | | |
| *damit ich gelesen werde* | *ich würde gelesen werden* | |
| ut legar | legerer | |
| legāris | legerēris | |
| legātur | legerētur | |
| legāmur | legerēmur | |
| legāmini | legerēmini | |
| legantur | legerentur | |

| | | | |
|---|---|---|---|
| Perfektstamm: | lēctus sum, sim, eram essem, erō | | |
| Part. Perf.: | lēctus *gelesen* | Inf. Perf.: | lēctum esse *gelesen sein* |
| Gerundivum: | legendus | Inf. Fut.: | lēctum īrī *in Zukunft gelesen werden* |

## 9 C₂

*Prōnōmen dēmōnstrātīvum* īdem eadem īdem derselbe, wird dekliniert wie is ea id mit angehängtem -dem, also eiusdem, eīdem, eundem, eandem, iīdem eōrundem, eārundem usw.

ipse, ipsa, ipsum selbst

hat regelmäßige pronominale Deklination ipsīus, ipsī, ipsum usw.

iste, ista, istud der da, deiner da

dekliniert istīus, istī, istum, istam usw. Es vertritt oft, besonders bei Rednern, das Possessiv-Pronomen tuus, z. B. iste liber dein Buch, das Buch, das du in der Hand hast. Entsprechend ist hīc das Pronomen der 1. Person, hīc vir = ich.

Unterscheide idem hostis derselbe Feind, hostis ipse der Feind selbst, aber vel hostis sogar (selbst) der Feind (in steigerndem Sinne).

**Prōnōmina possessīva** (Besitzanzeigende Fürwörter)  **9 C₃**

| | |
|---|---|
| Meus, a, um *mein*  tuus, a, um *dein* ⎫ | werden reflexiv |
| noster, -stra, -strum *unser* ⎬ | und nicht reflexiv |
| vester, -stra, -strum *euer* ⎭ | angewendet |
| suus, a, um *sein, ihr* | ist nur reflexiv |

Nicht reflexives „sein" oder „ihr" wird durch die attribu-
tiven Genetive ēius (von ihm, von ihr) und eōrum, eārum
(von ihnen) ausgedrückt fīliae ēius seine Töchter.
Von meus findet sich der Vokativ mī: mī fīlī mein Sohn!

## 2. Gruppe der III. Konjugation  9 C₄

| | | | | |
|---|---|---|---|---|
| dīcere | *sagen* | dīcō | dīxī | dīctum |
| dūcere | *führen, halten für* | dūcō | dūxī | dūctum |
| scrībere | *schreiben* | scrībō | scrīpsī | scrīptum |
| nūbere (virō) | *heiraten* | nūbō | nūpsī | nūptūra |
| claudere | *schließen* | claudō | clausī | clausum |
| laedere | *verletzen* | laedō | laesī | laesum |
| vādere | *gehen* | vādō | vāsī | vāsum |
| rādere | *kratzen, schaben* | rādō | rāsī | rāsum |
| plaudere | *schlagen, klatschen* | plaudō | plausī | plausum |
| cēdere | *gehen, nachgeben* | cēdō | cessī | cessum |
| lūdere | *spielen* | lūdō | lūsī | lūsum |
| mittere | *senden, lassen* | mittō | mīsī | missum |
| fīgere | *heften, festsetzen* | fīgō | fīxī | fīxum! |
| ūrere | *verbrennen* | ūrō | ussī | ustum |
| sūmere | *nehmen* | sūmō | sūmpsī | sūmptum |
| vīvere | *leben* | vīvō | vīxī | vīctum |

Da diese Verben in der Wurzel einen langen Vokal oder
Diphthong haben, ist eine Perfektbildung durch Dehnung des
Stammvokals ausgeschlossen; sie bilden ein Perfektum
mit -s-. Auch hier verschwindet ein t-Laut vor s, t-Laut +
-tum ergibt wieder -ss-, bzw. -s-. k-Laut + s wird x, b + s
wird -ps-, b vor t wird p.

Anknüpfung: dīctiō Redeweise, ēdīctum Verordnung, index,
indicis *m* Angeber, Anzeiger, condīcere verabreden, condiciō
Verabredung, Übereinkunft. duc- dux, ducis Führer, aquae-
ductus -ūs Wasserleitung, ēducāre erziehen. scrīb- scrība
Schreiber, scrīptor Schriftsteller, prōscrīptiō Ächtung. nūb-
nūptiae Heirat, cōnūbium Ehe, Eherecht. claud- clāvis *f*
Schlüssel, Riegel, claustrum Kloster. laed- lädieren. vād-

Invasion. rād- Rasur, radieren. plaud- Applaus. cēd- necesse unausweichlich, notwendig, *Adj.* necessārius. lūd- lūdus Spiel, illūdere verspotten, Illusion. mitt- permittere erlauben, intermittere unterbrechen, auslassen. fīg- stella fīxa Fixstern, Fixum. sūm- eigentlich ein Kompositum zu emere, aber selbständig und daher ein -s-Perfektum, cōnsūmere verbrauchen, sūmptus Aufwand. vīv- (Wurzel verwandt mit quick) vīta Leben, vīvus lebendig, vīctus -ūs Lebensunterhalt, Kost.

---

## 10 A      10. Stunde

Rēge obtruncātō cum iuvenēs grātulantēs adessent, Numitor statim conciliō advocātō scelus frātris, orīginem nepōtum, ut genitī, ut cōgnitī essent, ostendit. iuvenēs avum rēgem salūtāvērunt, multitūdō māgnō clamōre id approbāvit.

Postquam Numitor in rēgnum Albānōrum restitūtus est, Rōmulus Remusque cōnsilium cēpērunt eō locō, ubi expositī et ēducātī erant, novam urbem condere.

| | | | | |
|---|---|---|---|---|
| iuvenis *gen. pl.* iuvenum | *Jüngling* | | multitūdō, | *Menge* |
| iuventūs- tūtis *f* | *Jugend* | | -inis *f* | |
| grātulārī *Depon* | *Glück wünschen* | | salūtāre | *begrüßen* |
| adesse | *anwesend sein* | | clamor, -is *m* | *Geschrei, Rufen* |
| statim *adv.* | *sogleich, sofort* | | clamāre | *rufen* |
| concilium | *Versammlung* | | approbāre | *billigen* |
| advocāre | *herbeirufen* | | postquam | *nachdem* |
| scelus, -eris *n* | *Verbrechen* | | restituere | *wiederherstellen,* |
| genitus | *erzeugt* | | | *wieder einsetzen* |
| cōgnitus | *erkannt* | | condere | *gründen* |
| ostendere | *zeigen* | | conditor, -ōris | *Gründer* |

## 10 B      Übung

Vīdistī frātrem nostrum. frātrēs nostrōs semper servābimus. accurrit amīcus cum frātre suō. salūtāvī et amīcum et frātrem ēius.

Omnia mea mēcum portō (Cicero). Aliīs sī licet, tibi nōn licet (Terenz). Ars longa, vīta brevis (Seneca nach Hippokrates). Semper homō bonus tīrō est (Martial).

licet es ist erlaubt     tīrō, ōnis m. Anfänger, Rekrut.

# Grammatik (Formenlehre)    10 C₁

## IV. (-i-)Konjugation im Präsensstamm
### Activum

audīre *hören*

| Präsens: | | Imperfectum: | | Futurum: |
|---|---|---|---|---|
| Ind. | Coni. | Ind. | Coni. | |
| audiŏ | audiam | audiēbam | audīrem | audiam |
| audīs | audiās | audiēbās | audīrēs | audiēs |
| audit | audiat | audiēbat | audīret | audiet |
| audīmus | audiāmus | audiēbāmus | audīrēmus | audiēmus |
| audītis | audiātis | audiēbātis | audīrētis | audiētis |
| audiunt | audiant | audiēbant | audīrent | audient |

Imperative:    audī, audīte! audītō audītōte audiuntō!
Partizipien:    audiēns, entis *hörend* audītūrus *einer, der hören wird*
Gerundium:    audiendī, audiendō, ad audiendum, audiendō
Infinitivus futūrī: audītūrum esse *in Zukunft hören*

### Passivum

audīrī *gehört werden*

| audior | audiar | audiēbar | audīrer | audiar |
|---|---|---|---|---|
| audīris | audiāris | audiēbāris | audīrēris | audiēris |
| audītur | audiātur | audiēbātur | audīrētur | audiētur |
| audīmur | audiāmur | audiēbāmur | audīrēmur | audiēmur |
| audīmini | audiāmini | audiēbāmini | audīrēmini | audiēmini |
| audiuntur | audiantur | audiēbantur | audīrentur | audientur |

Gerundivum:    audiendus *einer, der gehört werden soll (muß)*
Infinitivus perfectī: audītum am um esse *gehört sein*
Infinitivus futūrī:    audītum īrī *in Zukunft gehört werden*

## Dehnungsperfekta in der I. (-a-)Konjugation   10 C₂

| iuvāre | *unterstützen* | iuvo | iūvī | iūtum |
|---|---|---|---|---|
| adiuvāre (mit Akk.) | *helfen* | ádiuvo | adiūvī | adiūtum |
| lavāre | *waschen, baden* | lavō | lāvī | lautum |

vgl. 5 C₃.

## Satzlehre    10 D
### Partizipien

Die Partizipien dienen keinem bestimmten Tempus; sie geben vielmehr außer dem *genus verbī* nur das Zeitverhältnis zum Verbum des Satzes an. Ihre Verwendung ist dementsprechend folgende:

|  | verba | | deponentia | |
|---|---|---|---|---|
|  | activum | passivum | activum | passivum |
| Gleichzeitigkeit: | monēns<br>*mahnend* | — | hortāns<br>*mahnend* | — |
| Vorzeitigkeit: | — | monitus<br>*ermahnt* | hortātus<br>*einer, der er-<br>mahnt hat!* | — |
| Nachzeitigkeit: | monitūrus<br>*einer, der er-<br>mahnen wird* | — | hortātūrus<br>*einer, der er-<br>mahnen wird* | — |

Partizipien können attributiv stehen wie Adjektive: victoria parta der errungene Sieg, tempora futūra zukünftige Zeiten, legiōnēs ā Caesare missae von C. abgesandte Legionen.

Ein Partizip beim Akkusativobjekt eines *verbum sentiendī* (des Wahrnehmens) hebt den unmittelbaren sinnlichen Eindruck hervor (sogen. *accūsātīvus cum participiō*). Audīvī tē dīcentem ich hörte dich reden, d. h. ich war selbst anwesend und hörte deine Rede. Dagegen audīvī tē id dīcere (*acc. cum inf.*) ich hörte, das sei deine Behauptung, du sagtest dieses.

Die Verbindung eines passiven Partizips mit habēre soll ursprünglich den erreichten Zustand stark betonen. Allmählich neigt die Sprache dazu, durch diese Umschreibung aktive Perfekta zu ersetzen, und die modernen Sprachen bilden dementsprechend zusammengesetzte Formen: Das habe ich erfahren. Id cōgnitum habeō. Persuāsum habeō statt mihi persuāsī.

Sehr umfangreich ist der Gebrauch von Partizipien in adverbialen Bestimmungen der Zeit, der Art und Weise, des Grundes u.ä. Nicht selten können wir Deutschen dafür entsprechende adverbiale Ausdrücke setzen: expūgnātā urbe nach Eroberung der Stadt, silvā occupātā nach Besetzung des Waldes.

Diesen adverbialen Gebrauch des Ablativs der Partizipien nennt man *ablātīvus absolūtus*.

Beispiele der Texte: cremātā patriā nach Einäscherung der Vaterstadt, rēge obtruncātō als der K. ermordet war, conciliō advocātō nach Einberufung einer Versammlung.

———

# 11. Stunde                     11 A

Certābant autem frātrēs, uter nōmen urbī novae daret,
uter conditam imperiō regeret. postrēmō augurium agere
placuit. priōrī Remō augurium vēnit, sex vulturēs. vix
nūntiātum augurium erat, cum duplex numerus Rōmulō
sē ostendit. itaque utrumque sua multitūdō salūtāvit rēgem; alterī enim tempore rem decernī contendēbant, alterī
numerō avium. Irā īnflammātī cum ab altercātiōne ad
caedem raptī essent, in turbā īctus Remus cecidit.

| | | | |
|---|---|---|---|
| certāre | streiten | simplex, sim- | einfach |
| certāmen -inis n | Wettkampf, Streit | plicis | |
| regere | lenken, leiten | dēcernere | entscheiden |
| postrēmō adv. | endlich, zuletzt | (16 C₂) | |
| postrēmus | spätester, letzter | contendere | streiten, behaupten |
| augurium | Wahrzeichen | altercātiō, | Wortwechsel |
| placēre | gefallen | -nis f | |
| prior, prius | vordere, eher, früher | turba | Verwirrung, Schar, |
| vultur, vulturis | Geier | | Haufe |
| m | | īctus | getroffen |
| vix adv. | kaum, mit Mühe | autem (nach- | aber |
| duplex, dupli- | doppelt | gestellt) | |
| cis | | sed (an erster | aber |
| avis, -is f | Vogel | Stelle) | |

## Übung                     11 B

Populus Rōmānus magistrātūs creābat. senātus cōnstābat ē
magistrātibus, nam quī quaestor fuerat, in senātum lēctus est.
laetō vultū cōnsul senātuī dē prosperō ēventū legiōnum Rōmā-
nārum narrāvit. dux peditātum in mediā aciē, equitātum in
cornibus cōnstituerat. peditātuī sīgnum impetūs datum est.
exitus proeliī diū in dubiō erat. Pater meus litterās mihi scrīpsit
manū propriā. Stāns in currū imperātor triumphāvit.

Eventus stultōrum magister est. Oleum et operam perdidī.
Manus manum lavat.

Exitus ācta probat.

Dīcīque beātus
ante obitum nēmō suprēmaque fūnera dēbet (Ovid).
Spectātum veniunt, veniunt, spectentur ut ipsae (Ovid).

| | | | |
|---|---|---|---|
| magisträtus -ūs | *Amt, Beamter* | dubius a um | *zweifelhaft* |
| senätus -ūs | *Senat* | manus -ūs *f* | *Hand, Schar* |
| cōnstāre | *bestehen* | proprius a um | *eigen, eigentümlich* |
| cōnstat | *es steht fest* | litera (littera) | *Buchstabe, Schrift* |
| vultus -ūs | *Gesicht, Miene* | currus -ūs | *Wagen* |
| ēventus -ūs | *Erfolg* | probāre | *billigen, prüfen* |
| prosper a um | *glücklich* | stultus | *dumm, töricht* |
| peditātus -ūs | *Fußvolk* | oleum | *Öl* |
| pedes peditis | *Fußsoldat* | opera -ae | *Mühe, plur. Arbeiter* |
| equitātus -ūs | *Reiterei* | obitus -ūs | *Tod* |
| eques equitis | *Reiter* | fūnus fūneris *n* | *Leichenbegängnis* |
| equus -ī | *Pferd* | dēbēre | *schulden, müssen* |
| cornū -ūs *n* | *Horn, Flügel des Heeres* | signum | *Zeichen* |
| | | diū *adv.* | *lange* |
| impetus -ūs | *Angriff* | equitāre | *reiten* |
| exitus -ūs | *Ausgang* | literae (litterae) | *Brief* |

## 11 C₁ Grammatik (Formenlehre)

### IV. (-u-)Deklination

| früctus ūs *m Frucht* | | cornu *n Horn* | | domus *f Haus* (Sonderfall) | |
|---|---|---|---|---|---|
| früctus | früctūs | cornū | cornua | domus | domūs |
| früctūs | früctuum | cornūs | cornuum | domūs | domuum (domōrum) |
| früctuī | früctibus | cornū | cornibus | domuī | domibus |
| früctum | früctūs | cornū | cornua | domum | domōs |
| früctū | früctibus | cornū | cornibus | domō | domibus |

Dieser Deklination gehören zahlreiche Wörter auf -tus und -sus an, die von Verben abgeleitet sind; sie sind masculina. Neutra sind wenige, außer cornū noch gelū Kälte (gelidus kalt) und genū Knie; Feminina sind domus, manus, porticus Säulenhalle, tribus die Tribus (urspr. Stadtdrittel) und die Monatsmitte Idūs, Iduum die Iden.

Im *dat.* und *abl. plur.* kommen altertümliche -ubus-Formen vor.

Domī heißt zu Hause, domum nach Hause, domō von Hause; ohne Präposition (Vgl. 15 C₁ und 27 D₁).

## 11 C₂ V. (-e-)Deklination

| diēs, diēī *m der Tag* | | rēs, reī *f die Sache* | |
|---|---|---|---|
| diēs | diēs | rēs | rēs |
| diēī | diērum | reī | rērum |
| diēī | diēbus | reī | rēbus |
| diem | diēs | rem | rēs |
| diē | diēbus | rē | rēbus |

Der Ausgang -eī hat nach Vokalen ein langes, sonst ein kurzes -e-. Diēs fēstus Festtag, aber certa diēs ein bestimmter Termin. Die anderen Wörter der V. Deklination sind *fēminīna*.

### 3. Gruppe der III. Konjugation (mit Reduplikation) 11 C₃

| cadere | *fallen* | cadō | cecidī | cāsum |
|--------|----------|------|--------|-------|
| caedere | *fällen, niederhauen* | caedō | cecīdī | caesum |
| canere | *singen, spielen* | canō | cecinī· | (cantātum) |
| fallere | *täuschen* | fallō | fefellī | (dēceptum) |
| parcere | *schonen* | parcō | pepercī | (temperātum) |
| tangere | *berühren* | tangō | tetigī | tāctum |
| pendere | *wägen, zahlen* | pendō | pependī | pēnsum |
| tendere | *spannen* | tendō | tetendī | tentum! |
| pellere | *schlagen, treiben* | pellō | pepulī | pulsum |
| currere | *eilen, laufen* | currō | cucurrī | cursum |
| pōscere | *fordern* | pōscō | popōscī | (postulātum) |
| discere | *lernen* | discō | didicī | — |

Diesen Verben entsprechen in der I. Konjugation:
dare *geben* dō dedī datum und stāre *stehen* stō stetī statum
und in der II. Konjugation:
mordēre *beißen* mordeō momordī morsum — spondēre *geloben*
spondeō spopondī spōnsum — respondēre *antworten* Perf. respondī —
tondēre *scheren* — pendēre *hangen* — impendēre *drohen* ohne Perf.

Die Reduplikation besteht in der Verdopplung der Stamm-silbe, die aber meist nur durch einen Konsonanten und einen Vokal ersetzt bzw. angedeutet wird.

Anknüpfungen: cāsus Fall, Zufall, occāsiō Gelegenheit, accidere sich ereignen, accidit accidit. caed-caedēs, is *f* Morden, Blutbad, caementum Bruchstein, pāricīda Sippenmörder. can- cantus, ūs Gesang, cantor Sänger, carmen, inis *n* Lied, Gedicht, cantāre singen. fal- falsus falsch. parc- parcus sparsam. tag- Takt, Tangente, integer, gra, grum unversehrt. pend- pondus, eris *n* Gewicht, Kompensation. tend- tenēre halten, tentōrium Zelt. pel- Puls, pulsāre schlagen. curr-cursus, ūs Lauf, cursor Läufer, currus, ūs Wagen, curūlis zum Wagen gehörig, sella curūlis Amtssessel.

caedere und cadere stehen im Verhältnis von Ursache und Ergebnis wie fällen und fallen; zu discere ist das Kausativum docēre, doceō, docuī, doctum lehren.

Zu Wurzel da-, do- dōnum Gabe, Geschenk; dōs, dōtis *f* Mitgift; die Komposita gehen nach der 3. Konjugation: reddidī, redditum, trādidī, trāditum zu reddere zurückgeben, trādere überliefern, sta- cōnstāns ntis standhaft, fest, beständig. mord- morsus, ūs Biß. spond- spōnsa Braut, Verlobte, respōnsum Antwort. tond- tōnsūra das Scheren.

---

## 12 A      12. Stunde

Vulgātior fāma est Remum, ut frātrem illūderet, mūrōs novōs trānssiluisse. tum eum ā frātre īrātō trucīdātum esse; ille verbīs quoque increpitāns adiēcisse dīcitur: „idem accidat, quīcumque mūrōs meōs trānsiliet!" Ita sōlus Rōmulus imperiō potītus est, condita urbs conditōris nōmine appellāta est. ab urbe conditā annī urbis numerantur; ille annus fuit prīmus a.u.c. (ab urbe conditā), ante Christum nātum (a. Chr. n.) septingentēsimus quīnquāgēsimus tertius.

| | | | |
|---|---|---|---|
| vulgātus | *allgemein bekannt* | trucīdāre | *hinschlachten, tot-*⎫ |
| vulgāre | *mitteilen* | quoque | *auch*   [*schlagen*⎭ |
| vulgus, -i *n* | *Volk* | increpitāre | *schelten* |
| vulgō *adv.* | *allgemein* | crepitus -ūs | *Klappern, Krach* |
| trānssilīre | *überspringen* | adicere | *hinzufügen spr. -ji-* |
| salīre, saluī, | *springen* | potīrī potior, | *sich bemächtigen* |
| saltum | | potītus sum | |
| saltus -ūs *m* | *Sprung* | potestās, -tātis *f* | *Amtsgewalt, Befugnis* |
| saltāre | *tanzen, springen* | quīcumque | *jeder, der* |

## 12 B      Übung

Lacedaemoniī māgnā glōriae cupiditāte incēnsi erant. quōmodo patriam dēfendēmus? perīculum nunquam metuimus. agmen triumphāle Capitōlium ascendit. Scipiō apud Zāmam exercitum Poenōrum fūdit et fugāvit atque Carthāginiēnsēs dēvīcit. cornibus taurī, aprī dentibus sē dēfendunt. fūrēs comprehēnsī et necātī sunt.

> Unus homō nōbīs cunctandō restituit rem (= rem pūblicam — Ennius).
> Nātūra nōn facit saltum (nach Aristoteles).

Patriae est, dum lūdere vidēmur (Theoderich).
Hīc Rhodus, hīc saltā! (nach Äsop).
Audiātur et (auch) altera pars!

| | | | |
|---|---|---|---|
| Lacedaemonius | *Lakedämonier* | taurus | *Stier* |
| Carthāginiēnsis | *Karthager* | dēns dentis *m* | *Zahn* |
| cupidus | *begierig* | aper aprī | *Eber* |
| cupiditās | *Begierde* | fūr fūris | *Dieb* |
| quō modō? | *wie?* | fūrtum | *Diebstahl* |
| quōmodō? | | cunctārī | *zaudern, zögern* |
| triumphus | *Triumph* | hīc *adv.* | *hier* |
| triumphālis | *zum Triumph ge-* | ibi, illīc *adv.* | *da, dort* |
| | *hörig* | pars partis *f* | *Teil, Anteil* |
| triumphāre | *triumphieren* | agmen inis *n* | *Zug, Kolonne* |
| triumphātor | *Triumphator* | ubi? | *wo?* |
| dēvincere | *völlig besiegen* | | |

## Grammatik (Formenlehre)    12 C₁
### 4. Gruppe der III. Konjugation (auf -ndere)

| | | | | |
|---|---|---|---|---|
| scandere | *steigen* | scandō | scandī | scānsum |
| ascendere | *ersteigen* | ascendō | ascendī | ascēnsum |
| incendere | *anzünden* | incendō | incendī | incēnsum |
| dēfendere | *abwehren,* | dēfendō | dēfendī | dēfēnsum |
| | *verteidigen* | | | |
| offendere | *anstoßen,* | offendō | offendī | offēnsum |
| | *beleidigen* | | | |
| prehendere | *ergreifen* | prehendō | prehendī | prehēnsum |
| comprehendere | *ergreifen* | comprehendō | comprehendī | comprehēnsum |
| reprehendere | *tadeln* | reprehendō | reprehendī | reprehēnsum |
| pandere | *ausbreiten,* | pandō | pandī | passum |
| | *klaftern* | | | |
| vertere | *wenden* | vertō | vertī | versum |

Das -s- des *Supinums* erklärt sich aus dem schon bekannten Lautwandel d + t = -ss- = -s-.

Anknüpfungen: scand- scāla (eig. scandsla) Leiter; cend- incendium Brand; candēre hell schimmern; candidus weißglänzend; candidātus weißgekleidet, Amtsbewerber; fend- Defensive, Offensive, offensiv; pand- passus, ūs *m* Klafter = Doppelschritt (etwa 1,5 m); vert- vertex -icis *m* Wirbel, Drehpunkt; adversus zugekehrt, widrig; rēs adversae Unglück; dīversus nach verschiedenen Richtungen, verschieden; versārī sich herumdrehen, aufhalten, befinden; āvertere ablenken, abwenden, Aversion; contrōversia Streitfrage.

**12 C₂**

## Zahlwörter (numerälia)

Cardinälia (*Grundzahlen*)
Ordinälia (*Ordnungszahlen*)

| | Cardinälia | Ordinälia |
|---|---|---|
| 1 | ünus a um | prīmus |
| 2 | duo duae duo | secundus, alter |
| 3 | trēs tria | tertius |
| 4 | quattuor | quārtus |
| 5 | quīnque | quīntus |
| 6 | sex | sextus |
| 7 | septem | septimus |
| 8 | octō | octāvus |
| 9 | novem | nōnus |
| 10 | decem | decimus |
| 11 | ūndecim | ūndecimus |
| 12 | duodecim | duodecimus |
| 13 | trēdecim | tertius decimus |
| 14 | quattuordecim | quārtus decimus |
| 15 | quīndecim | quīntus decimus |
| 16 | sēdecim | sextus decimus |
| 17 | septendecim | septimus decimus |
| 18 | duodēvīgintī | duodēvīcēsimus |
| 19 | ūndēvīgintī | ūndēvīcēsimus |
| 20 | vīgintī | vīcēsimus |
| 30 | trīgintā | trīcēsimus |
| 40 | quadrāgintā | quadrāgēsimus |
| 50 | quīnquāgintā | quīnquāgēsimus |
| 60 | sexāgintā | sexāgēsimus |
| 70 | septuāgintā | septuāgēsimus |
| 80 | octōgintā | octōgēsimus |
| 90 | nōnāgintā | nōnāgēsimus |
| 100 | centum | centēsimus |
| 200 | ducentī | ducentēsimus |
| 300 | trecentī | trecentēsimus |
| 400 | quadringentī | quadringentēsimus |
| 500 | quīngentī | quīngentēsimus |
| 600 | sēscentī | sēscentēsimus |
| 700 | septingentī | septingentēsimus |
| 800 | octingentī | octingentēsimus |
| 900 | nōngentī | nōngentēsimus |
| 1000 | mille | millēsimus |

Weiter; duo mīlia, tria mīlia, ... centum mīlia; 1000000 = deciēs centēna mīlia. (13 C₂).

Von den Kardinalzahlen werden nur ūnus, duo, trēs, die Hunderte von ducentī bis nōngentī und der Plural von mille, mīlia dekliniert.

duo, duōrum, duōbus, duōs- duae, duārum, duābus, duās; ebenso ambō beide. trēs, tria, trium, tribus; mīlia, milium, mīlibus. Aber: mille mīlitēs, mille mīlitum, mille mīlitibus usw.

Wie duodēvīgintī kann man auch andere auf 8 oder 9 endende Zahlen durch Subtraktion bilden: duodecentum, ūndēcentum.

Die *Ordinalia* werden wie Adjektive der 1. u. 2. Deklination dekliniert.

Beachte ūnīus, ūnī und alterīus, alterī! (Stunde 4).

## Satzlehre **12 D**

### dicitur
#### Nominativus cum Infinitivo

Homērus caecus fuisse dīcitur Homer soll blind gewesen sein (eig. von Homer wird gesagt, daß er blind gewesen sei).

Dīcere sagen, trādere überliefern u. a. Verben des Sagens und Meinens kommen in passiver Form auch persönlich konstruiert vor, während wir im Deutschen nicht sagen können „Homer wird gesagt". Dadurch, daß zu dem Subjekt des Passivsatzes der Infinitiv tritt, wird aus der aktiven Form des acc. c. inf. (dīcunt Homērum caecum fuisse vgl. 9 B) die passive Anwendung des Nōminātīvus cum Infīnītīvō; durch die häufig mögliche Übersetzung mit „soll" nähert sich der deutsche Ausdruck dem lateinischen.

Vidērī = gesehen werden wird entsprechend mit „scheinen" übersetzt: Vidēris errāvisse = du scheinst dich geirrt zu haben (vgl. 20 D).

Bibulus nōndum audiēbātur esse in Syriā = man hörte noch nichts davon, daß B. schon in Syrien sei (vgl. 13 D₁).

---

# 13. Stunde **13 A**

Rōmulus cum intellexisset multitūdinem cīvium coalē-
scere in populī ūnīus corpus nisi lēgibus nōn posse, iūra
et lēgēs dedit. ut autem ipse venerābilis īnsignibus imperiī
esset, lictōrēs duodecim assūmpsit ā numerō avium, quae

auguriō rēgnum portenderant. lictōres autem vocābantur
appāritōrēs, quī fascēs gerentēs rēgem prōsequēbantur,
turbam hominum obstantium summovēbant, de condem-
nātīs supplicia sūmēbant.

| | | | |
|---|---|---|---|
| intellegere | einsehen, merken | appāritor | Amtsdiener |
| coalēscere | zusammenwachsen | fascis -is m | Bund, Rutenbündel |
| iūs iūris n | Recht | gerere | führen |
| venerābilis | verehrungswürdig | prōsequī | begleiten |
| īnsīgne -is n | Abzeichen | obstāre | im Wege stehen |
| lictor -is | Liktor | summovēre | bei Seite schieben |
| assūmere | sich zulegen | condemnāre | verurteilen |
| portendere | weissagen | damnāre | verurteilen |

## 13 B          Übung

Apud Rōmānōs septem rēgēs fuērunt. Unīus virī fortitūdine
Rōmānī tribus māgnīs proeliīs victī sunt, Hannibalis Carthā-
giniēnsis. Cicerō annō aetātis suae quadrāgēsimō tertiō cōnsul
creātus est; nātus erat annō a. Chr. n. centēsimō sextō. In Ther-
mopylīs trecentī Lacedaemoniī et sex fere mīlia cēterōrum
Graecōrum lībertātem patriae dēfendērunt; Lacedaemoniī ad
ūnum omnēs trucīdātī sunt. Inter armōrum strepitum sē verba
iūris cīvīlis exaudīre nōn potuisse Marius dīxit.

Ab Iove prīncipium! Quod licet Iovī, nōn licet bovī. Iūrāre
in verba magistrī. Edimus, ut vīvāmus, nōn vīvimus, ut edāmus.
Cīvis Rōmānus sum.

Sunt ariēs, taurus, geminī, cancer, leo, virgō

lībraque, scorpiō, arcitenēns, caper, amphora, piscēs.

Bella gerant aliī, tū, fēlīx Austria, nūbe!

| | | | |
|---|---|---|---|
| fortitūdō -inis f | Tapferkeit | virgō -inis | Jungfrau |
| Thermopylae | Thermopylen | lībra | Waage |
| fere | ungefähr | scorpiō -nis m | Skorpion |
| cēterī | die übrigen | arcitenēns | Schütze |
| lībertās -tātis f | Freiheit | arcus -ūs, | Bogen |
| strepitus -ūs | Lärm, Geräusch | arcubus | [bock⟩ |
| exaudīre | deutlich hören, erhören | caper caprī | Steinbock,Ziegen-⟩ |
| principium | Anfang | amphora | Wasserträger |
| ariēs arietis m | Widder | piscis -is m | Fisch |
| cancer cancrī | Krebs | Austria | Österreich |
| leō leōnis | Löwe | fēlīx -īcis | glücklich |

# Grammatik (Formenlehre)

## Unregelmäßigkeiten der III. Deklination     **13 C₁**

Iuppiter (auch Iūpiter), Iovis, Iovī, Iovem, ā Iove
bōs *m f Rind* bovis, bovī, bovem, bove; bovēs, boum(!), būbus(!)
oder bōbus(!)
vās vāsis *n Gefäß*; Plural: vāsa vāsōrum nach der 2. Deklination
requiēs, requiētis *f Ruhe* bildet *acc.* requiem, *abl.* requiē nach der
5. Deklination
von plēbs, plēbis *f Volk* findet sich im *gen.* plēbeī neben plēbis

## Einteilungszahlen (distribūtīva) und Zahladverbien   **13 C₂**

Zum Multiplizieren 1mal, 2mal usw. hat der Römer besondere Zahladverbien entwickelt: semel bis ter quater quīn-
quiēs sexiēs septiēs octiēs noviēs deciēs; so stehen also auf die
Frage wie oft = quōtiēs(quōtiēns), diese Formen mit Ausgang -iēs.

Weiter in den Zehnern: vīciēs, trīciēs, quadrāgiēs, quīn-
quāgiēs, in den Hundertern centiēs, ducentiēs bis milliēs.

Auch für „je einer" sind besondere „Distributivzahlen" entwickelt: singulī, bīnī, ternī, quaternī, quīnī, sēnī, septēnī,
octōnī, novēnī, dēnī; Zehner vīcēnī, trīcēnī, quadrāgēnī;
Hunderter centēnī, ducēnī, trecēnī, quadringēnī bis nōngēnī
singula mīlia.

Daher war der Begriff „eine Million" zusammengesetzt:
10mal je 100000 = deciēs centēna mīlia.

## 5. Gruppe der III. Konjugation
## (mit -u = -v am Stammende)     **13 C₃**

| | | | | |
|---|---|---|---|---|
| solvere | *lösen, zahlen* | solvō | solvī | solūtum |
| absolvere | *freisprechen* | absolvō | absolvī | absolūtum |
| volvere | *wälzen* | volvō | volvī | volūtum |
| minuere | *vermindern, schwächen* | minuō | minuī | minūtum |
| statuere | *festsetzen* | statuō | statuī | statūtum |
| cōnstituere | *beschließen* | cōnstituō | cōnstituī | cōnstitūtum |
| īnstituere | *einsetzen, unter- richten* | īnstituō | īnstituī | īnstitūtum |
| restituere | *wiederherstellen* | restituō | restituī | restitūtum |
| tribuere | *zuteilen* | tribuō | tribuī | tribūtum |
| arguere | *beschuldigen* | arguō | arguī | (accūsātum) |
| metuere | *sich fürchten* | metuō | metuī | — |
| ruere | *stürzen, eilen* | ruō | ruī | ruitūrus |
| congruere | *übereinstimmen* | congruō | congruī | — |
| dīruere | *zerstören, einreißen* | dīruō | dīruī | dīrutum |

Anknüpfungen: solv- solūtus aufgelöst, solūtiō Bezahlung, absolvieren; volv- Volute, Volte, Revolver, Revolution; minu- minor Minister; statu- Statuten, statuieren, Konstitution, restituiren, Institut; tribu- Tribut, Attribut, Kontribution; argu- argūmentum Darstellung, Inhalt, Beweismittel; metu- metus ūs Furcht; congru- Kongruenz.

## 13 D    Satzlehre
### „man"

Das Lateinische hat keinen Ausdruck für man, sondern ersetzt es durch verschiedene Wendungen:

1. durch das Passiv: adiuvor man hilft mir, laudāris man lobt dich, vīvitur parvō bene man lebt von Wenigem ganz gut; vgl. 6 D und 12 D.

2. durch die 3. P. des Plurals: dīcunt, narrant man sagt; vulgō ex oppidīs grātulābantur Pompēiō man wünschte Glück;

3. durch die 1. P. des Plurals, wenn der Sprecher sich selbst einbeziehen will: hoc si laudāmus, iniūstē (*adv.* nicht recht), facimus;

4. durch die 2. P. des Singulars im *ind. fut.* oder *coni. praes.*: minuitur memoria, nisi eam exerceās (wenn man es nicht übt). Sī ad natūram vīvēs, nunquam eris pauper.

Aliquis (irgendeiner) ist kein eigentlicher Ersatz für *man*.

———

## 14 A    14. Stunde

Crēscēbat interim urbs, cum alia atque alia loca mūnīrentur in spem futūrae multitūdinis. itaque Rōmulus, nē vāna urbis māgnitūdō esset, asylum aperuit, quō ex fīnitimīs populīs omnis turba perfugere posset, sine discrīmine, utrum līber an servus esset. deinde cōnsilium parāvit centum senātōrum, quia is numerus satis erat vel quia sōlī centum erant, quī creārī patrēs — hōc nōmine vocābantur — possent; patrēs autem ab honōre appellātī sunt eōrumque līberī patriciī.

| | | | |
|---|---|---|---|
| crēscere | *wachsen* | utrum ... an | *ob ... oder* |
| interim *adv.* | *inzwischen* | parāre | *vorbereiten, rüsten,* |
| mūnīre | *befestigen* | | *erwerben* |
| moenia -ium *n* | *Mauern* | senātor -is | *Senator* |
| spēs speī *f* | *Hoffnung* | quia | *weil, da ja* |
| vānus | *vergeblich, eitel* | satis *adv.* | *genug* |
| mägnitūdō | *Größe* | vel | *oder* |
| -inis *f* | | patricius | *Patrizier* |
| asȳlum | *Freistatt* | | *zu den patrēs gehörig* |
| aperīre | *eröffnen* | discrīmen | *Unterschied* |
| quō? | *wohin?* | -inis *n* | |
| eō | *dorthin* | fīnitimus | *benachbart* |
| perfugere | *seine Zuflucht nehmen* | | |

## Übung  14 B

Ulixēs perīcula semper cautē vītāvit. Sīrēnēs suāviter can-
tantēs nautīs exitium parābant. Multī nautae imprūdenter
īnsulae eārum appropinquābant. Ibi ā Sīrēnibus crūdēliter necā-
bantur. Legiōnēs audācter et cōnstanter pūgnāvērunt. nunquam īgnāvē perīculum metuēbant. Camillus haud dubiē patriam servāvit. Libenter fēcī, quod optāvistī.

Calumniāre audācter, semper aliquid haeret. Praesente me-
dicō nihil nocet.

| | | | |
|---|---|---|---|
| Ulixēs -is | *Odysseus* | īgnāvus | *träg, feige* |
| cautē | *vorsichtig* | libenter *adv.* | *gern* |
| Sīrēnēs -um *f* | *die Sirenen* | haud = nōn | *nicht* |
| vītāre | *meiden* | calumniārī | *verleumden [bleiben⎫* |
| suāvis -e | *lieblich, angenehm* | haerēre | *hangen, hängen⎭* |
| exitium | *Verderben* | praesēns -ntis | *zugegen, anwesend* |
| imprūdēns | *unvorsichtig* | nocēre | *schaden* |
| crūdēlis | *grausam* | medicus | *Arzt* |

## Sogenannte Prōnōmina indēfīnīta (unbestimmte)  14 C₁

| In positiven Sätzen: | | |
|---|---|---|
| Substantivisch: | aliquis | *irgendwer, irgendeiner* |
| Adjektivisch: | aliquod oppidum *irgendeine Stadt* | |
| **In negativen Sätzen:** | | |
| Substantivisch: | neque quisquam *und niemand* | |
| Adjektivisch: | neque ūlla urbs *und keine Stadt* | |
| | sine ūllā spē *ohne irgendwelche Hoffnung* | |
| **Nach sī und nē steht quis statt aliquis:** | | |
| nē quis *damit niemand* | | nē quid *damit nichts* |
| nē quod oppidum *damit keine Stadt* | | |

| quisque *jeder* | ( Angehängtes -que bezeichnet die |
|---|---|
| uterque *jeder von beiden = beide* | { Allheit: ubīque *überall* |
| | ( undique *von allen Seiten* |

## 14 C₂       Adverbia zu Adjektiven

1. Zu Adjektiven der 1. und 2. Deklination werden Adverbia (Umstandswörter) auf -ē gebildet; -ē tritt an Stelle der Genetivendung.
altus altī: altē    līber līberī: līberē    pulcher pulchrī: pulchrē
2. Zu Adjektiven der 3. Deklination tritt an Stelle der Genetivendung -is die adverbiale Endung -iter: ācer ācris: ācriter   celer celeris: celeriter audāx audācis: audācter, *sehr selten* audāciter fortis fortis: fortiter sapiēns sapientis bildet nach dem -t nur sapienter (celer *schnell* sapiēns *weise*)
3. Besonderheiten: facilē *leicht* běně *gut* mălě *schlecht* multum *viel*
4. Adverbien auf ō: cito *schnell* falsō *falsch* sērō *spät, zu spät* rārō *selten* prīmō *anfangs* postrēmō *zuletzt* subitō *plötzlich*

## 14 C₃       6. Gruppe der III. Konjugation
### (Perfekt-s- trotz kurzen Stammvokals)

| regere | *leiten, lenken* | regō | rēxī | rēctum |
|---|---|---|---|---|
| tegere | *decken, bedecken* | tegō | tēxī | tēctum |
| trahere | *ziehen, schleppen* | trahō | trāxī | trāctum |
| vehere | *fahren* (aliquem) | vehō | vēxī | vēctum |
| fluere | *fließen* | fluō | flūxī | — |
| struere | *bauen* | struō | strūxī | strūctum |
| dīvidere | *teilen* | dīvidō | dīvīsī | dīvīsum |
| gerere | *tragen, an sich tragen* | gerō | gessī | gestum |
| premere | *drücken, drängen* | premō | pressī | pressum |
| opprimere | *bedrängen, überraschen* | opprimō | oppressī | oppressum |
| dīligere | *schätzen, hochachten* | dīligō | dīlēxī | dīlēctum |
| intellegere | *einsehen, verstehen* | intellegō | intellēxī | intellēctum |
| neglegere | *vernachlässigen* | neglegō | neglēxī | neglēctum |

Anknüpfungen: reg- rēx, rēgius, rēgia, rēgnum, rēgnare, rēgīna Königin; teg- tēctum Dach, tēgula Ziegel; toga Obergewand des röm. Bürgers; Toga, prōtēctor Beschützer, Leibwächter; trah- abstrahere ab-, wegziehen; contrahere zusammenziehen; rēs contractae Verträge (Kontrakt), Kontraktion; veh-vehiculum Fahrzeug; vehemēns heftig, stürmisch; flu- flūmen fluvius Fluß; fluctus ūs *m* Flut, Woge. Cōnfluentēs, nämlich aquae: Koblenz; dīvid- Divisor Dividendus Dividende; ger- (ges-) rēs gestae Taten; prem- comprimere zusammendrücken, Kompresse; dilig- (eigentlich, wie die beiden nächsten, zu legō, lēgī gehörig), diligēns fleißig, diligentia Sorgfalt, intelleg- intelligent.

## Passive Imperative      14 C₄

Die passiven Imperativformen des Präsens werden in den Deponentien verwendet:

| | | | | |
|---|---|---|---|---|
| I. | hortāre | *ermahne!* | hortāmini | *ermahnt!* |
| II. | verēre | *scheue!* | verēmini | *scheut!* |
| III. | loquere | *rede!* | loquimini | *redet!* |
| | patere | *dulde!* | patimini | *duldet!* |
| IV. | largīre | *schenke!* | largīmini | *schenkt!* |

## Satzlehre      14 D

### Negationen

Außer nōn findet sich in Aussagesätzen die Negation haud: haud sciō auch hausciō = nesciō ich weiß nicht, haud facile, haud dubiē.

Wie in nesciō wird auch sonst die Negation oft mit einem anderen Worte zusammengezogen: īgnārus nicht wissend, īgnōrō ich weiß nicht, multa īgnōrō ich weiß vieles nicht. Vgl. den Erkenntnissatz: īgnōrāmus, īgnōrābimus! wir wissen nicht und wir werden im unklaren darüber bleiben.

Nē *damit nicht* steht neben ut non *so daß nicht* (vgl. 21 D); nē quis u. a. s. 14 C 1. Nec und neque: und nicht. Neque ... neque ... weder ... noch.

Merke besonders negāre sagen, daß nicht ..., leugnen, abstreiten: negō mē id fēcisse ich behaupte, ich habe das nicht getan; negāvit illum adesse er erklärte, jener sei nicht da.

Zwei Negationen nebeneinander heben sich auf und bewirken oft eine starke Bejahung: nōn īgnōrō ich weiß sehr wohl, nōnnūlli einige, nihil nisi nichts als, nur, nēmō nisi tū nur du.

———

## 15A        15. Stunde

Iam rēs Rōmāna adeō erat valida, ut cuīlibet fīnitimārum cīvitātum pār esset, sed, quod mulierēs dēerant, domī spēs prōlis nōn erat. tum ex cōnsiliō patrum Rōmulus lēgātōs ad fīnitimās gentēs mīsit, quī societātem cōnūbiumque populō novō peterent hīs verbīs: „nōn dubium est, quīn orīginī Rōmānae deī adfuerint; nōbīs ipsīs nōn dēerit virtūs; proinde nōlīte gravārī hominēs cum hominibus sanguinem ac genus mīscēre!"

| | | | |
|---|---|---|---|
| adeō *adv.* | *soweit, sosehr* | gravārī | *sich weigern* |
| validus | *stark, gesund* | gravis -e | *schwer, drückend, würdevoll* |
| valēre, valuī | *stark sein* | | |
| valētūdō -inis *f* | *Gesundheit* | gravitās *f* | *Schwere, Würde* |
| quīlibet | *jeder beliebige* | mīscēre, mīscuī, | *mischen* |
| libet | *es beliebt* | mīxtum | |
| fīnis -is *m* | *Grenze, Ende* | cōnsilium | *Beratung, Rat, Plan* |
| fīnitimus | *benachbart* | gēns, gentis *f* | *Völkerschaft, Stamm Sippe* |
| fīnīre | *abgrenzen, bestimmen* | | |
| cīvitās -ātis *f* | *Bürgerschaft, Stamm* | ac, atque | *und* |
| cīvīlis -e | *bürgerlich* | *Phrasen mit* rēs: | |
| socius | *Bundesgenosse* | rēs pūblica | *Staat* |
| societās -ātis *f* | *Bündnis* | pūblicus | *völkisch, öffentlich* |
| quī peterent | *die bitten sollten* | (*altlat.*poplicus) | |
| pār paris | *gleich, angemessen* | rēs Rōmāna | *Römischer Staat* |
| dēesse | *fehlen* | rēs secundae | *Glück* |
| prōlēs -is *f* | *Sprößling, Nachkomme* | rēs adversae | *Unglück* |
| | | rēs mīlitāris | *Kriegswesen* (7 $C_1$) |
| virtūs -tūtis *f* | *Tugend, Mannesart* | rēs nāvālis | *Seewesen* (8) |
| proinde *adv.* | *also, wohlan* | rēs gestae | *Taten* (14 $C_3$) |
| nōlī! nōlīte! | *wolle, wollet nicht!* | rēs familiāris | *Vermögen* |

## 15B        Übung

A multīs hostibus mīlitēs subitō oppressī sunt. nōn intellēxī, quid dīxeris. iūre Rōmānō discrīmen est inter contrācta et dēlicta. verēminī deōs! largīminī pauperibus! triumphantem Camillum albī equī ad Capitōlium vēxerant. iam amīcum in tuam sententiam trāxistī. praeda ex agrīs trācta est. omnēs sociōs armātōs in campō strūxit.

Trahit sua quemque voluptās (Vergil).

| | | | |
|---|---|---|---|
| dēlictum | *Vergehen, Über-* | albus | *weiß* |
| | *tretung* | campus | *Feld, Ebene* |
| dēlinquere | *fehlen, sich vergehen* | voluptās -ātis *f* | *Vergnügen, Lust* |

## Grammatik (Formenlehre)     15 C₁

### Der Lokativus (cāsus locālis)

Es gab im Lateinischen (Erbe aus dem Indogermanischen) einen Kasus auf die Frage wo? Endung -ī. Nur Spuren sind davon noch vorhanden:

1. domī zu Hause, rūrī auf dem Lande, humī auf dem Boden (humus ī *f* Erdboden).

2. Rōmae (eig. Romaī) in Rom, Corinthī in Korinth. In der 3. Deklination und im Plural wird der Lokativ durch den Ablativ ersetzt: Athēnīs in Athen, Carthāgine in Karthago. In allen Fällen also keine Präposition *in*!

### Zur Aussprache und Schreibung     15 C₂

a) Man sprach māgnus mit einem nasalen *n*, dann *g*, darauf wieder ein *n*. Aber man schrieb das erste, nasale *n* nicht; ebenso īgnārus unkundig, Gegensatz gnārus kundig, īgnōtus unbekannt, īgnāvus feige, cōgnitus erkannt.

b) Es wechselt manchmal vokalische und konsonantische Länge einer Silbe: connūbium und cōnūbium, littera und lītera, littus und lītus, Iuppiter und Iūpiter, mille im Singular und mīlia im Plural.

c) Altes s wird zwischen Vokalen oft zu r (vgl. war gewesen). Sogen. *Rhotazismus,* nach der griech. Bezeichnung rhō für r. Haerēre, haesī; est, erat; honor, honestus, älterer Nominativ honōs; iūs, iūris, iūstus gerecht; opus, operis; genus, generis.

### 7. Gruppe der III. Konjugation (Perf. auf -ui)   15 C₃

| | | | | |
|---|---|---|---|---|
| alere | *nähren, großziehen* | alō | aluī | altum |
| colere | *bebauen, pflegen* | colō | coluī | cultum |
| incolere | *bewohnen* | incolō | incoluī | — |
| cōnsulere | mit *acc.: um Rat fragen* | cōnsulō | cōnsuluī | cōnsultum |
| | mit *dat.: sorgen für* | | | |
| dēserere | *im Stich lassen, ver-* | dēserō | dēseruī | dēsertum |
| | *lassen* | | | |

| texere | weben | texō | texuī | textum |
|--------|-------|------|-------|--------|
| rapere | rauben | rapiō | rapuī | raptum |
| gignere | erzeugen | gignō | genuī | genitum |
| sinere | lassen, zulassen | sinō | sīvī | situm |
| dēsinere | ablassen, aufhören | dēsinō | dēsiī | dēsitum |
| pōnere | setzen, legen, stellen | pōnō | posuī | positum |

Anknüpfungen: al- alumnus Pflegekind, Zögling; alimentum Nahrungsmittel; col- cultus ūs Bebauung, Verehrung; cultūra Pflegen, Anbau; incola Einwohner; accola Anwohner, Nachbar; colōnus Siedler, colōnia Siedlung; cōnsul- cōnsultāre erwägen, zu Rate ziehen; dēser- dēsertus einsam, verlassen; seriēs ēī $f$ Reihe; tex- textor Weber; praetexta purpurverbrämte Toga; subtīlis (untergewebt) fein, genau, scharfsinnig; rap- rapīna Raub; gign- ist zur Wurzel gen-, „Schwundstufe" gn-, ein mit Vokal i reduplizierter Präsensstamm: genus eris $n$ Geschlecht, Art; genius Schutzgeist; Adj. geniālis, gēns, gentis $f$ Völkerschaft; ingenuus eingeboren; ingenium Anlage; dēgener is entartet; generōsus edel; pōn- eigentlich posin- Pose, Position; viele Komposita: antepōnere vorziehen; dēpōnere niederlegen, hinterlegen; compōnere zusammensetzen (Komposition); expōnere darlegen, an Land setzen; impōnere anordnen, auferlegen, einschiffen; prōpōnere vorlegen, vorschlagen; oppōnere entgegenstellen.

## 15 D  Satzlehre
### „sich"

a) Reflexives „sich" ist Acc. sē, Dat. sibi: Hannibal venēnō (durch Gift) sē necāvit. Sogen. direktes Reflexivum 8 $C_1$.

b) ōrātor rogat cīvēs, ut attentē sē audiant. Sogen. indirektes Reflexivum des Nebensatzes, bezogen auf das Subjekt des Hauptsatzes.

c) Reflexive Übersetzung von Passiven und Deponentien: versārī sich aufhalten, lavārī sich waschen, mūtārī sich verwandeln, gravārī sich weigern.

d) Häufig tritt „sich" nur im Deutschen auf, im Lateinischen nicht: errāre sich irren, gaudēre sich freuen, metuere sich fürchten.

e) Das zu sē gehörende Possessiv-Pronomen suus (9 $C_3$) wird ebenfalls direkt oder indirekt reflexiv verwendet.

# 16. Stunde 16 A

Nusquam benīgnē lēgātiō audīta est; aut spernēbant gentēs fīnitimae hominēs ex omnī colluviōne fortuītō commīxtōs aut hanc tantam in mediō crēscentem mōlem sibi ac posterīs suīs metuēbant. plērīque dīmīsērunt lēgātōs rogantēs, num quod fēminīs quoque asylum aperuissent; id enim dēmum compār cōnūbium illīs futūrum esse. aegrē id ferēbat Rōmulus cum suīs, sed cum intellegeret nisi vī ac dolō prōpositum sē assequī nōn posse, aegritūdinem animī prūdenter dissimulābat.

| | | | |
|---|---|---|---|
| nusquam *adv.* | *nirgends* | rogāre num | *fragen, ob* |
| benīgnus | *gütig* | dēmum *adv.* | *schließlich* |
| spernere | *verachten* | compār -is | *= pār (15)* |
| colluviō -nis *f* | *Mischmasch, Gesindel* | aegrē *adv.* | *schmerzlich, mit Mühe und Not, kaum* |
| fortuītō *adv.* | *zufällig* | ferre, ferō | *tragen, ertragen* |
| fortuītus | *zufällig* | (18 C₁) | |
| commīxtus | *gemischt* | nōn nisi | *nur* |
| medius | *mittlerer* | dolus | *List, Täuschung* |
| mōlēs -is *f* | *Masse, Last, Mühe* | assequī | *erreichen, erlangen* |
| posterī | *Nachkommen, spätere* | aegritūdō -inis *f* | *Kummer* |
| plērīque | *die meisten* | dissimulāre | *verbergen, sich verstellen, verleugnen* |
| dīmittere | *entlassen* | | |

## Übung 16 B

Ein Wortspiel: Ein Freund, bei Cäsar in Gallien tätig, schrieb an seinen Gönner Cicero, der ihn dorthin empfohlen hatte: Apud Caesarem in māgnō honōre sum, saepe mē cōnsulit. Cicero antwortete, realistisch und witzig: Cōnsulī *tē* ā Caesare scrībis; sed ego *tibi* ab illō cōnsulī (15 C 3) māllem (ich sähe es lieber). Erfolgreiche Staatsmänner hatten den Grundsatz: fortiter in rē, suāviter in modō (nämlich im Ton, in der Umgangsart). Der Grundsatz „dē mortuīs nīl (= nihil) nisi bene" wird meist falsch übersetzt; es heißt nicht bonum! Also wird nicht verlangt, nur Gutes zu reden, sondern bene (*Adv.*!) d. h. in anständiger Art und Weise soll man über einen Verstorbenen sprechen.

Vergils Grabschrift:

Mantua mē genuit, Calabrī rapuēre, tenet nunc
Parthenopē; cecinī pāscua, rūra, ducēs.

Erklärung: In Andēs bei Mantua geboren. Calabrī Volks-
name, wie lat. üblich, für den Landschaftsnamen Calabria.
rapuēre statt rapuērunt, nicht nur von Dichtern gebrauchte
Form. Parthenopē dicht. Bezeichnung für Neapel. pāscuum
Weide; gemeint sind Vergils Hirtengedichte. rūs rūris *n* Land.
Vergil schrieb ein landwirtschaftliches Lehrgedicht *georgica*.
ducēs nämlich Aeneas und Genossen, also die Aenēis.

## 16 C₁   Regelmäßige Komparation (Steigerung)

Im Lateinischen gibt es, wie im Deutschen, 3 Vergleichungs-
stufen, nämlich Grundstufe (positīvus) und zwei Steigerungs-
grade (*comparātīvus* und *superlātīvus*). (comparāre beschaffen,
vergleichen.)

Von Adjektiven oder adjektivisch gebrauchten Partizipien
wird der Komparativ mit der Endung *m f* -ior, *n* -ius, der
Superlativ mit der Endung -issimus a um gebildet an Stelle
der Genetivausgänge -ī oder ĭs. Adjektive auf -er im *Nom. masc.*
bilden einen Superlativ auf -errimus. Also:

| | | | | |
|---|---|---|---|---|
| altus | altī | altior | altius | altissimus |
| līber | līberī | līberior | līberius | līberrimus |
| pulcher | pulchrī | pulchrior | pulchrius | pulcherrimus |
| ācer | ācris | ācrior | ācrius | ācerrimus |
| celer | celeris | celerior | celerius | celerrimus |
| fortis | fortis | fortior | fortius | fortissimus |

Adjektive auf -us hinter Vokal haben (wie in vielen neueren
Sprachen die Regel) eine *umschriebene* Steigerung:

| | | |
|---|---|---|
| pius *fromm* | magis pius | māximē pius |
| idōneus | magis idōneus | māximē idōneus, aber |
| antiquus | antiquior | antiquissimus, weil hier das erste u nicht<br>Vokal, sondern Konsonant ist. |

*Verstärkte* und *abgestufte* Steigerung: etiam māior noch
größer, multō māior viel größer, paulō māior ein wenig größer,
aliquantō māior beträchtlich größer; vel māximus wohl der
größte, quam māximus möglichst groß, so groß wie möglich,
quam plūrimī möglichst viele, longē māximus bei weitem der
größte.

Das Neutrum des Komparativs dient als Adverbium: celerius schneller; der Superlativ bildet ein regelrechtes Adverbium auf -ē: fortissimē am tapfersten.

## 8. Gruppe der III. Konjugation
### (Perf auf -īvī und -ēvī)

16 C₂

| petere | erstreben, zu erreichen suchen, bitten ab aliquō | petō | petīvī | petītum |
|--------|------------------------------|--------|----------|-----------|
| repetere | zurückverlangen | repetō | repetīvī | repetītum |
| quaerere | suchen, fragen ex aliquō | quaerō | quaesīvī | quaesītum |
| inquīrere | untersuchen | inquīrō | inquīsīvī | inquīsītum |
| arcessere | herbeiholen | arcessō | arcessīvī | arcessītum |
| capessere | ergreifen | capessō | capessīvī | capessītum |
| lacessere | reizen | lacessō | lacessīvī | lacessītum |
| cupere | wünschen, begehren | cupiō | cupīvī | cupītum |
| cernere | unterscheiden, sehen | cernō | crēvī | crētum |
| dēcernere | entscheiden, beschließen | dēcernō | dēcrēvī | dēcrētum |
| spernere | verschmähen | spernō | sprēvī | sprētum |
| serere | säen, pflanzen | serō | sēvī | satum |

Anknüpfungen: pet- impetus petitiō nis f Bitte, Bewerbung; appetere verlangen, Appetit; perpetuus ununterbrochen; quaer- quaesō ich bitte; quaestiō nis f Frage, Untersuchung; requīrere erforschen, vermissen, Inquisition; capess- Weiterbildung aus cap-. cup-, cupidus, cupiditās, cupīdō inis f Begierde; cern- certus sicher, gewiß; certāre zur Entscheidung bringen; discrīmen n Unterschied; excrēmentum Ausscheidung; dēcrētum Entscheidung, Beschluß.

## Satzlehre

16 D₁

### Pronomen „se" im A. c. I.

Reus sē innocentem esse dīxit. Iūdex nōn innocentem eum esse iūdicāvit. Iūrāmus nōs tē nōn dēsertūrōs esse. Iūrant omnēs sē tē nōn desertūrōs esse. Er sagt, daß er ... Sind die beiden er derselbe, so muß es sē heißen (Satz 1), sind es verschiedene er, so steht eum (Satz 2). Oder, anders ausgedrückt: das Objekt zu dīxit in Satz 1 (sē innocentem esse) würde, selbständig gemacht, heißen: egō innocēns sum, im 2. Satze aber: ille innocēns nōn est.

Dasselbe gilt im Plural; für unabhängiges *wir* tritt im *Acc. c. Inf. sē* ein. Catilīna sē urbem incendiō dēlētūrum esse minātus est. Spērant sē mox patriam vidēre posse. Sōcratēs multa sē īgnōrāre dīcēbat. Multa sē īgnōrāre prō certō habent.

| | | | |
|---|---|---|---|
| reus reī *m* | *Angeklagter* | iūrāre | *schwören* |
| innocēns | *unschuldig* | minārī | *drohen* |
| innocentia | *Unschuld* | minae -ārum | *Drohungen* |
| iūdex, iūdicis | *Richter* | mox *adv.* | *bald* |
| iūdicāre | *richten, urteilen* | | |

## 16 D₂     quam bei Steigerungsbegriffen

1. quam beim Superlativ: Höchststufe.

Contendit quam celerrimē er eilt so schnell er kann; man denke sich potest ergänzt; quam māximus = möglichst groß, quam plūrimī = möglichst viele, so viele wie denkbar. Jedesmal soll eine höchstmögliche Einstufung bezeichnet werden.

2. quam beim Komparativ = als: Ungleichheit.

Sociī fortius pūgnābant, quam expectāverāmus = tapferer als wir es erwartet hatten.

Der Komparativ kann im Ausdruck verschleiert werden: praestat honestē morī quam turpiter vīvere; in praestat (es ist besser) liegt komparativischer Sinn, daher quam. In dem Satze nōn tam vīrēs quam mōrēs laudō = ich schätze nicht so sehr Kraft wie Sitte, ist die Ungleichheit als nicht vorhandene (negierte) Gleichheit bezeichnet; man könnte auch übersetzen: ich schätze weniger Kraft als Sitte, mehr Sitte als Kraft.

---

## 17 A        17. Stunde

Paulō post lūdōs Rōmulus parāvit Neptūnō sollemnēs tantōque eōs apparātū, quantō tum fierī poterat, celebrārī voluit, ut rēs clāra expectātaque fieret. omnibus rēbus praeparātīs spectāculum fīnitimīs indīcī iussit. multī convēnērunt praecipuē adductī studiō videndae novae urbis, in quibus erat Sabīnōrum omnis multitūdō cum līberīs et coniūgibus.

| | | | |
|---|---|---|---|
| paulō post *adv.* | *wenig später* | studium | *Eifer, Streben, Zuneigung* |
| Neptūnus | *Gott der Meere* | | |
| sollemnis -e | *alljährlich, feierlich* | studēre | *sich bemühen, betreiben* |
| apparātus ūs | *Gerät, Pracht* | | |
| expectāre | *ausschauen, erwarten* | coniūx, con- | |
| spectāculum | *Schauspiel* (27 C) | iūnx *m f* | *Gatte, Gattin* |
| indīcere | *ansagen* | coniugium | *Ehe* |
| convenīre | *zusammenkommen* | coniungere | *verbinden* |
| conventus ūs | *Zusammenkunft* | iungere iūnxī | *anspannen, verbinden* |
| addūcere | *herbeiführen, veranlassen* | iugum | *Joch, Gespann* |
| | | voluit (19 C) | *er hat gewollt* |

## Übung      17 B

M'. Cūrius cum Italiā rēgem Pyrrhum expulisset, nihil omnīnō ex praedā rēgiā, quā exercitum urbemque dītāverat, attigit. Dēcrētīs etiam ā senātū septēnīs iugeribus agrī populō, sibi autem quīnquāginta, populāris assīgnātiōnis modum nōn excēssit. neque enim satis idōneum reī pūblicae cīvem exīstimābat, quī eō, quod reliquīs tribuerētur, contentus nōn esset. Senātus erat portus et refugium populōrum.

| | | | |
|---|---|---|---|
| M. *und* M'. | Markus, Mānius | assīgnātiō -nis *f* | *Zuteilung* |
| expellere, expulī, expulsum | *vertreiben* (11 C) | assīgnāre | *anweisen* |
| omnīnō *adv.* | *überhaupt* | excēdere | *überschreiten* |
| dītāre | *bereichern* | aestimāre | *schätzen* |
| attingere, attigī, attactum | *berühren* | exīstimāre | *glauben, halten für* |
| | | aes, aeris *n* | *Erz, Bronze, Geld* |
| iugerum (*gen. pl.* iugerum, *dat.* iugeribus) | *Joch Landes,* 240 × 120 *Fuß* | aerārium | *Staatsschatz* |
| | | portus -ūs *m* | *Hafen* |

Verba mit Reduplikation im Perfektum (11 C 3) haben diese nicht in ihren *compositis*, also: pellō pepulī, aber expellō expulī und tango tetigī, aber attingo attigī.

Die Zahl der Vornamen ist im Lateinischen nicht groß. Sie werden allgemein abgekürzt. Da Markus und Manius nicht beide mit M abgekürzt werden konnten, schrieb man — auch in Inschriften — ein fünfstrichiges M für Mānius, wofür wir M mit einer Art Akzent drucken.

Cäsar hieß Gāius, Pompeius: Gnaeus; die Abkürzungen C. und Cn. stammen aus einer Zeit, in der man noch nicht C und G differenzierte.

# 17 C₁    Grammatik (Formenlehre)

### Sogen. unregelmäßige Steigerung

| | | | | |
|---|---|---|---|---|
| bonus | *gut* | melior | melius | optimus |
| malus | *schlecht* | pĕior | pĕius | pessimus |
| mӑgnus | *groß* | mӑior | mӑius | mӑximus |
| parvus | *klein* | minor | minus | minimus |
| multum | *viel* | | plūs | plūrimum |
| multī | *viele* | plūrēs | plūra | plūrimī |
| | | | | *und* plērīque |

# 17 C₂    Fierī werden, geschehen, gemacht werden

Hier mischen sich aktive und passive Formen: Infinitiv fierī, Perfektstamm factus sum, sim, eram, essem, erō; factum esse; Gerundiv faciendus.

Die Formen des Präsensstammes sind aktiv nach der III. Konjugation:

| | |
|---|---|
| fīo, fīs, fit, fīmus, fītis, fīunt. | Coni.: fīam, fīās usw. |
| fīēbam, fīēbās usw. | Coni.: fierem |
| fīam, fīēs, fīet usw. | |

Als *infin. fut.* dient futūrum esse oder fore in Zukunft werden; factum esse geworden sein, gemacht sein, factum īrī in Zukunft gemacht werden.

Ausser vor -er bleibt fī- vor Vokalen lang.

Die *Verba* assuēfaciō, -fēcī, -factum gewöhnen, patēfaciō, -fēcī, -factum öffnen, commonēfaciō, -fēcī, -factum erinnern, bilden Passivformen mit fierī, also assuēfīō, assuēfactus sum, während die anderen *Komposita* von facere, cōnficere, perficere vollenden, reficere wiederherstellen, interficere töten u. a. cōnficior, perficior usw. bilden.

# 17 C₃    Verben der II. Konjugation mit -s-Perfektum

| | | | | |
|---|---|---|---|---|
| haerēre | *hangen, stecken bleiben* | haereō | haesī | haesum |
| manēre | *bleiben, erwarten* | maneō | mānsī | mānsum |
| augēre | *vermehren* | augeō | auxī | auctum |
| lūcēre | *leuchten, hell sein* | lūceō | lūxī | — |
| lūgēre | *trauern, betrauern* | lūgeō | lūxī | — |
| torquēre | *drehen, quälen, foltern* | torqueō | torsī | tortum |
| ardēre | *glühen, brennen* | ardeō | arsī | arsum |
| rīdēre | *lachen* | rīdeō | rīsī | rīsum |
| suādēre | *raten (ut)* | suādeō | suāsī | suāsum |

Anknüpfungen: haer-, haes- Kohärenz = Zusammenhang; man- mānsiō Bleibe, Quartier; permanent von permanēre fortdauern; aug- auxilium, auxiliāris hilfreich, Soldat der Hilfstruppen; lūc- lūx, lūcis *f* Licht; lūna Mond; illūstris e berühmt, erlaucht; lūg- lūctus ūs Trauer; torq- torques und torquis is *m* Halskette; tormentum Winde, Folter, Schleudermaschine; ard- ardor Glut, aridus trocken, dürr; rīd- rīsus ūs Gelächter, Lachen; suād- persuādēre suāvis.

## Satzlehre    17 D₁
### Iubēre und vetāre

| | |
|---|---|
| Iubēre, iubeō, iussī, iussum | *befehlen* |
| vetāre, veto, vetuī, vetitum | *verbieten* |

sind transitive Verben, haben also auch ein Akkusativobjekt der Person:

iubeō tē, vetō vōs ich befehle dir, ich verbiete euch,
vetor mir wird verboten, iussī sumus man befahl uns (persönliches Passivum).

Caesar mil2̄tēs castra mūnīre iussit (ein befestigtes Lager aufzuschlagen).

Milītēs castra mūnīre iussī sunt.

Lēgēs Gallōrum duo ex ūnā familiā magistrātūs creārī vetābant.

Milītēs absente duce cum hostibus pūgnāre vetitī sunt.

Fehlt die Angabe der Person, an die Befehl oder Verbot gerichtet ist, so steht das Passiv: Dux castra mūnīrī iussit; Caesar castra vallō mūnīrī vetuit (vallum Wall).

**Zweck, Ziel, Absicht** (verschieden ausgedrückt) **17 D₂**

1. Remus Numitōrī ad supplicium datus est.

pecūniae causā um des Geldes willen, glōriae causā um Ruhm zu erlangen. quīdam canēs (canis is *m, f* Hund *gen. plur.* canum) vēnandī causā (zum Jagen) comparantur.

Locum ad habitandum idōneum quaerimus.

Catilīna dissimulandī causā in senātum vēnit.

Lateinisch die Präpositionen ad (*acc.*) und causā oder **grātiā** (*gen.*), deutsch: zu, um ... willen, zwecks, wegen.

2. Lēgātōs mīsit, ut pācem peterent.

Lēgātōs mīsit, quī pācem peterent (15 A).

Lēgem brevem esse oportet, quō facilius ab imperītīs teneātur.

Cicerō id semper ēgit, nē longius (zu weit) abesset ab oculīs cīvium (oculus Auge, perītus erfahren).

Caesar, nē quem (14 C 1) hostem post sē (hinter) relinqueret, oppidum oppūgnāre īnstituit.

Finalsatz mit ut, verneint nē, oder finaler Relativsatz (daher Konj.!); auf diesen kann hingewiesen werden durch einen Begriff wie eō cōnsiliō in der Absicht, mit dem Plane; quō facilius = ut eō facilius damit, desto leichter.

3. Lēgātōs mīsit pācem petītum: Supinum! Entsprechend seinem verbalen Charakter hat es pācem als Objekt (3 C 4).

4. Lēgātōs mīsit pācem petītūrōs: *part. fut.*, das an sich zwar eine Absicht nicht ausspricht, aber sie durchblicken läßt.

5. Germānī in castra Caesaris vēnērunt simul suī pūrgandī causā, simul, ut dē pāce agerent. Hier zwei verschiedene Ausdrucksweisen neben einander (pūrgāre reinigen, entschuldigen — suī der *gen.* des Reflexivums — simul zugleich, gleichzeitig — simul ... simul teils ... teils).

———

## 18 A          18. Stunde

Invītātī hospitāliter per domōs cum situm moeniaque et frequentem tēctīs urbem vīdissent, mīrābantur tam brevī tempore rem Rōmānam crēvisse. ubi spectāculī tempus vēnit dēditaeque eī mentēs cum oculīs sunt, subitō sīgnō datō iuventūs Rōmāna ad rapiendās virginēs discurrit māgnamque eārum partem rapuit; quaedam fōrmā excellentēs prīmōribus patrum dēstinātae erant; eās ex plēbe hominēs, quibus datum id negōtium erat, illōrum domōs dēferēbant.

| | | | |
|---|---|---|---|
| invītāre | *auffordern, einladen* | discurrere | *sich ausbreiten* |
| situs -ūs | *Lage, Stellung* | quīdam, quae- | *ein gewisser* |
| frequēns | *zahlreich* | dam, quiddam, | |
| frequentāre | *besuchen* | *adjektivisch* | |
| tēctum = domus | | quoddam | |
| (pars prō tōtō) | | ubi | *sobald als* |

| | | | |
|---|---|---|---|
| fōrma | *Form, Gebilde, Gestalt* | ōtium | *Freizeit, Muße* |
| excellere | *hervorragen* | ōtiōsus | *müßig, ruhig* |
| prīmōres | *vorderste,vornehmste* | dēferre | *hinbringen, übertragen* |
| dēstināre | *festsetzen, beschließen* | mīrāri | *sich wundern* |
| negōtium | *Aufgabe, Tätigkeit* | mīrus̄ um | *wunderbar* |

## Übung     18 B

Marius iam puer tam cupidus erat glōriae, ut sē summō honōre dīgnum aliquandō fore ei persuāsum esset. Rēx Attalus
brevī effēcit, ut nōn indīgnus vidērētur rēgnō. Metellus cīvibus,
ut sē cōnsulem creārent, persuāsit. Concordēs este, quō facilius
patriam servētis! A Pompēiō impetrāre nōn potuit, ut contrā
hostēs sē adiuvāret. Totius fere Galliae lēgātī ad Caesarem
grātulātum vēnērunt. Cīvitās quaedam Gallica lēgātōs mīsit
rogātum auxilium.

Inopī beneficium bis dat, qui dat celeriter. Videant cōnsulēs,
nē quid dētrimentī capiat rēs pūblica (Notstandsformel des
Römischen Senats).

| | | | |
|---|---|---|---|
| dīgnus (*mit abl.*) | *würdig* | misericordia | *Mitleid, Erbarmen* |
| indīgnus ( „ ) | *unwürdig* | recordārī | *beherzigen, sich er-* |
| brevī | *ergänze* tempore! | | *innern* |
| concors dis | *einträchtig* | rogāre (*mit acc.*) | *bitten, erbitten* |
| concordia | *Eintracht* | inops pis | *mittellos* |
| cor cordis *n* | *Herz* | dētrimentum | *Abbruch, Schaden* |
| discordia | *Zwietracht* | | |

## Grammatik (Formenlehre)     18 C₁

### ferre, ferō, tulī, lātum tragen, ertragen

1. ferre ist ein *verbum dēfectīvum* d. h. es fehlen vom Stamme fer- einige Formen (dēficere fehlen, mangeln) und müssen ersetzt werden:

*Inf. perf.:* tulisse dazu tulī, tulerim, tuleram, tulissem,
      tulerō.

*Supīnum:* lātum, dazu lātum esse, lātūrum esse, lātus sum,
      eram, ero, sim, essem.

2. Im *Präsensstamm* scheinen kurze Vokale zu fehlen, im

*Aktivum:* fers, fert, fertis neben legis, legit, legitis, fer!, ferte!
      fertō!, fertōte!, neben lege, legite, legitō, legitōte,
      ferre (legere), ferrem, ferrēs, (legerem, legerēs).

*Passivum:* Inf. ferrī *coni. imperf.* ferrer, ferrēris usw.
Alle anderen Formen sind regelmässig.

3. Von den zahlreichen *composita* von ferre sind ganz regelmässig: dēferre übertragen, perferre ertragen, anteferre und praeferre vorziehen.

Lautliche Veränderungen zeigen folgende:

| afferre | *herbeitragen* | afferō | attulī | allātum |
|---------|----------------|--------|--------|---------|
| auferre | *wegtragen* | auferō | abstulī | ablātum |
| cōnferre | *zusammentragen* | cōnferō | contulī | collātum |
| differre | *aufschieben* | differō | distulī | dīlātum |
| efferre | *hinaustragen* | efferō | extulī | ēlātum |
| īnferre | *hineintragen* | īnferō | intulī | illātum |
| offerre | *anbieten* | offerō | obtulī | oblātum |
| referre | *zurücktragen* | referō | rettulī | relātum |

Merke: sē conferre sich begeben, efferre mortuum einen Toten bestatten, ferre ad populum beim Volk beantragen, referre an den Senat bringen, berichten, grātiam referre Dank abstatten, pedem referre sich zurückziehen.

differre sich unterscheiden, verschieden sein hat nur Präsens-Stamm. Das *verbum* tollere aufheben, beseitigen, stehlen hat ā verbō: sustulī, sublātum.

## 18 C₂    9. Gruppe der III. Konjugation (incohātīva)

Incohāre bedeutet „anfangen". Diese Verben sind kenntlich an der Konsonantenfolge -sc- im Präsensstamm; der ihr vorangehende Vokal erscheint gelängt.

| quiēscere | *zur Ruhe kommen, ruhen* | quiēscō | quiēvī | quiētum |
|-----------|--------------------------|---------|--------|---------|
| cōnsuēscere | *sich gewöhnen* | cōnsuēscō | cōnsuēvī | (cōnsuētus) |
| nōscere | *kennen lernen* | nōscō | nōvī | (*adj.* nōtus) |
| cōgnōscere | *erkennen, erfahren* | cōgnōscō | cōgnōvī | cōgnitum |
| īgnōscere | *verzeihen* | īgnōscō | īgnōvī | īgnōtum |
| cōnsenēscere | *alt, hinfällig werden* | — | cōnsenuī | — |
| convalēscere | *stark werden* | convalēscō | convaluī | — |
| adolēscere | *heranwachsen* | adolēscō | adolēvī | — |
| mātūrēscere | *reifwerden* | mātūrēscō | mātūruī | — |
| crēscere | *wachsen* | crēsco | crēvī | — |

Anknüpfungen: quiēs ētis *f* Ruhe = requiēs, quiētus ruhig; cōnsuētus gewohnt, cōnsuētūdō inis *f* Gewohnheit; nōtus bekannt, īgnōtus unbekannt; nōbilis berühmt, vornehm, adlig;

nōbilitās ātis *f* Berühmtheit, Adel; nōmen Name; ignōminia Schande; senātus, senātor, senex, senis *m* Greis, senior der ältere (M. A. Lehnsherr); senīlis greisenhaft; valēre stark, gesund sein; valē, valēte! lebe, lebt wohl!; validus stark; valētūdō Gesundheitszustand; adulēscēns ntis *m* Jüngling; indolēs prōlēs; mātūrus reif; immatūrus unreif; mātūrāre reifmachen, beschleunigen.

## Satzlehre 18 D
### Stellung von Subjekt und Prädikat

Im lateinischen Satz herrscht das Subjekt und beginnt meist den Satz, wenn er nicht mit einem besonders zu betonenden Begriff anfangen soll oder mit einer Orts- oder Zeitangabe an den vorhergehenden Text angeschlossen wird.

Das Prädikat pflegt zu schließen, doch ist seine Stellung keinem Zwang unterworfen.

Haben in einer Periode (Satzgefüge) Haupt- und Nebensatz dasselbe Subjekt, so geht es dem Ganzen voran, während wir mit der Konjunktion des dem Hauptsatz vorangehenden Nebensatzes beginnen.

Caesar nē quem hostem post sē relinqueret, urbem oppūgnāre īnstituit. Damit er keinen Feind hinter sich ließ, entschloß sich Cäsar die Stadt zu bestürmen — um keinen Feind hinter sich zu lassen, entschloß sich C. zum Sturm auf die Stadt.

---

# 19. Stunde 19 A

Maestī parentēs virginum prōfūgērunt incūsantēs perfidiam hospitum deumque invocantēs, cūius ad lūdōs sollemnēs vēnissent. nec raptārum virginum aut spēs dē sē māior aut indīgnātiō erat minor. sed ipse Rōmulus circumībat docēbatque eārum patrum superbiā id factum esse, quī cōnūbium negāvissent.

| | | | | |
|---|---|---|---|---|
| maestus | *traurig* | | perfidia | *Treulosigkeit* |
| maerēre | *traurig sein* | | perfidus | *treulos* |
| parentēs -um | *Eltern* | | fidēs ei *f* | *Treue* |
| incūsāre (causa) | *beschuldigen* | | fidēlis e | *treu* |

| | | | | |
|---|---|---|---|---|
| fidus | *treu* | | circumibat | *ging umher* (20 C₁) |
| fidūcia | *Vertrauen* | | superbia | *Stolz, Übermut* |
| foedus eris *n* | *Vertrag* | | superbus | *stolz, übermütig* |
| invocāre | *anrufen* | | negāre (14 D) | *verneinen, ablehnen* |
| indīgnātiō nis *f* | *Empörung* | | | |

## 19 B                    Übung

Imperātor Caesar Augustus (so lautet sein Name auf Inschriften), cum post multa proelia cīvīlia arma quiēscerent, populum Rōmānum ad virtūtem māiōrum assuēscere studuit. Puerōs, cum adolēscerent, dūrum mīlitiae onus ferre iussit, puellās, cum adolēvissent, bonās mātrēs fierī cupīvit. Dēnuō artēs flōrēbant, dīvitiae crēscēbant.

Nōsce tē ipsum! ignōscite inīmīcīs! Quod differtur nōn aufertur.

Perfer et obdūrā! multō graviōra tulistī (Ovid).
Crēscentem sequitur cūra pecuniam (Horaz).
Sī nātūra negat, facit indīgnātio versum (Juvenal).
Tantae mōlis erat Rōmānam condere gentem (Vergil).

| | | | | |
|---|---|---|---|---|
| bellum cīvīle | *Bürgerkrieg* | | flōrēre | *blühen* |
| māiōrēs | *Vorfahren* | | flōs flōris *m* | *Blume, Blüte* |
| dūrus | *hart, streng* | | dīvitiae | *Reichtum* |
| obdūrāre | *hart werden* | | inīmīcus | *Feind* |
| mīlitia | *Kriegsdienst* | | pecūnia | *Geld* |
| mīles mīlitis | *Soldat* | | sequī *dep.* (22 C) | *folgen (mit acc.)* |
| dēnuō (dē novō) | *von neuem* | | versus -ūs | *Vers* |

Erläuterung: tantae mōlis erg. rēs = eine so anstrengende Sache.

## 19 C₁     Grammatik (Formenlehre)

| | |
|---|---|
| velle, volō, voluī | *wollen* |
| nōlle, nōlō, nōluī | *nicht wollen* |
| mālle, mālō, māluī | *lieber wollen* |

| Ind. praes.: | volō | nōlō | mālo |
|---|---|---|---|
| | vīs | nōn vīs | māvīs |
| | vult | nōn vult | māvult |
| | volumus | nōlumus | mālumus |
| | vultis | nōn vultis | māvultis |
| | volunt | nōlunt | mālunt |

| Coni. praes.: | velim | nōlim | mālim |
|---|---|---|---|
| | velīs | nōlīs | mālīs |
| | | usw. | |
| Ind. impf.: | volēbam | nōlēbam | mālēbam |
| | volēbās | nōlēbās | mālēbās |
| | | usw. | |
| Coni. impf.: | vellem | nōllem | māllem |
| | vellēs | nōllēs | māllēs |
| | | usw. | |
| Futurum: | volam | nōlam | mālam |
| | volēs | nōlēs | mālēs |
| | | usw. | |
| Imp.: | — | nōlī, nōlite! | — |
| Part. praes.: | volēns | nōlēns | — |

Zusatz: nōlle, mālle; für den Deutschen ist es schwierig, nach langem Vokal Doppelkonsonanz zu sprechen.

## Deponentien der II. Konjugation      19 C₂

| verērī *aliquem* | *sich scheuen, fürchten* | vereor | veritus sum |
|---|---|---|---|
| merērī *de aliquo* | *sich verdient machen* | mereor | meritus sum |
| miserērī alicūius | *sich erbarmen* | misereor | miseritus sum |
| pollicērī | *versprechen* | polliceor | pollicitus sum |
| fatērī | *gestehen* | fateor | fassus sum |
| cōnfitērī | *gestehen, bekennen* | cōnfiteor | cōnfessus sum |
| profitērī | *„        „* | profiteor | professus sum |
| rērī | *berechnen, meinen* | reor | ratus sum |
| tuērī *ab aliquo* | *schützen* | tueor | tutātus sum |
| intuērī | *anschauen, betrachten* | intueor | (contemplātus sum) |
| medērī *alicui* | *heilen* | medeor | (sānāvī) |

Anknüpfungen: ver- reverentia Ehrerbietung, Achtung; mer- merēre dienen; meritum Verdienst; meritō *adv.* mit Recht; miser- miserārī beklagen; miser, misericordia, miserābilis kläglich, jämmerlich; fat- cōnfessiō Bekenntnis; rerat- ratus in der Meinung, gültig; irritus ungültig; ratiō Berechnung, Denken, Vernunft; tu- tūtus sicher; tūtēla Schutz; med- medicus Arzt; medicīna Heilmittel Heilkunst; remedium Heilmittel.

## Pluralia tantum      19 C₃

Wie divitiae = Reichtum und māiōrēs = Vorfahren lateinisch nur im Plural gebräuchlich sind, so auch einige andere

Substantive, z. B. insidiae = Hinterhalt (7), minae = Drohungen (16 D₁), castra, castrōrum = Lager, nūptiae = Hochzeit (9 C₄), auch geographische Begriffe wie Alpēs, Alpium Alpen, Athēnae, Thēbae.

Im Deutschen entspricht oft ein Singular; daher für die lateinischen Wörter die grammatische Bezeichnung *plūrālia tantum* (*tantum adv.* = nur) eingeführt.

## 19 D                    Satzlehre

### Attribute

Verschiedene Ausdrucksweise deutsch und lateinisch.

Pūgna Cannēnsis Schlacht bei Cannä; deutsch: Zusatz in adverbialer Form.

Exercitus Persārum Persisches Heer, bellum trīginta annōrum 30 jähriger Krieg; lat. Genetivattribut, deutsch *Adjektiva*, auch zusammengesetzte.

Māgna Cicerōnis in rem pūblicam merita hohe Verdienste um den Staat, Cicerōnis dē rē pūblicā librī Bücher über den Staat: Präpositionale Wendungen in attributiver Stellung.

Oft findet sich ein Partizip, das im Deutschen als überflüssig empfunden wird: epistula ad amīcum scrīpta = Brief an den Freund; seltener ist etwa: sīgna dē marmore statt sīgna marmorea Marmorbilder oder, wie Ovid einmal schreibt, ē Pariō fōrmātum marmore sīgnum eine Bildsäule aus Parischem Marmor.

Maestī parentēs virginum prōfūgērunt traurig entflohen. Hier ist maestī nicht einfach Attribut zu parentēs, sondern prädikativ gebraucht. Ebenso hostēs rārī sē ostendērunt zeigten sich vereinzelt; Athēniēnsēs Themistoclem absentem prōditiōnis accūsāvērunt ... klagten in seiner Abwesenheit des Verrats an. Tibi sōlī fidem habeō dir allein traue ich = du bist der einzige, dem ich traue. Hannibal prīmus in proelium ībat, ultimus excēdēbat H. war der erste, der in den Kampf ging, der letzte, der aus ihm schied.

Wir finden hier prädikativen Gebrauch von Adjektiven und Partizipien, die einen körperlichen oder seelischen Zustand (laetus, trīstis traurig, vīvus, aeger) oder eine Reihenfolge (prīmus, prior, ultimus, prīnceps) bezeichnen; dazu ūnus, sōlus, tōtus.

Auch Substantive können prädikativ gebraucht werden: Cicero cōnsul rem pūblicam servāvit ... hat als Konsul ... gerettet.

Merke besonders: per mediōs hostēs mitten durch die Feinde, in summō colle oben auf dem Hügel, ad multam noctem bis tief in die Nacht (collis is *m* Hügel, Hang).

---

# 20. Stunde      20 A

„Nōlīte dubitāre", inquit, „quīn vōs in mātrimōniō in societāte fortūnārum omnium et līberōrum futūrae sītis; nihil enim cārius generī humānō est quam līberī. proinde mollīte īrās et, quibus fors corpora vestra dedit, iīs date animōs! saepe ex iniūriā posteā grātia orta est multōque meliōribus utēminī virīs, quod prō sē quisque adnitētur, ut parentum etiam vestrōrum patriaeque dēsiderium expleat." accēdēbant blanditiae virōrum factum pūrgantium cupiditāte atque amōre, quae precēs sunt māximē efficācēs ad muliebre ingenium.

| | | | |
|---|---|---|---|
| dubitāre | *zweifeln* | dēsiderium | *Sehnsucht* |
| nōn dubium est, | *es ist zweifellos,* | dēsiderāre | *vermissen, sich sehnen* |
| quīn (*Coni.*) | *daß* | explēre | *erfüllen, stillen* |
| quam | *als (vergleichend)* | accēdere | *hinzukommen* |
| fortūna | *Glück, Vermögen* | blandus | *schmeichlerisch* |
| cārus | *lieb, teuer* | blanditiae | *Schmeicheleien* |
| mollīre | *erweichen* | amor -is *m* | *Liebe* |
| mollis -e | *weich, sanft* | precēs precum *f* | *Bitten* |
| animus | *Seele, Geist* | efficāx -cis | *wirksam* |
| grātia | *Beliebtheit, Dank* | mulier -is *f* | *Frau* |
| ortus | *entstanden* | muliebris -e | *weiblich, fraulich* |
| ūtī ūsus sum | *gebrauchen, haben* | iniūria | *Unrecht* |
| (22 C) | | amāre | *lieben* |
| adnītī | *sich bemühen* | | |

## Übung      20 B

Prīncipem sē esse māvult quam vidērī. Ea dēmum est vēra fēlīcitās, fēlīcitāte dīgnum vidērī. Malum multīs vidētur mors esse. Idem velle atque idem nōlle, ea dēmum firma amīcitia est. — Nōlī hoc facere! nōlī dubitāre, quīn vērum sit quod dīxī.

Quī fit, Maecēnās, ut nēmō, quam sibi sortem
aut fortūna dedit aut fors obiēcerit, illā
contentus vīvat, laudet dīversa sequentēs? (Horaz).
Nec mihi māteriam bellātrix Rōma negābat
et pius est patriae facta referre labor (Ovid).
Fēlīx, quī potuit rērum cōgnōscere causās (Vergil).
Stultus es, quī facta īnfecta facere verbīs postulās (Plautus).

| | | | |
|---|---|---|---|
| vidērī vīsus sum | *scheinen* (12 D) | contentus(*abl.*) | *zufrieden* |
| fēlīx -cis | *glücklich* | māteria | *Bauholz, Stoff* |
| fēlīcitās -atis *f* | *Glück* | bellātor, bellā- | *Kämpfer, Kämpfe-* |
| obicere (*spr.* | *zuwerfen, vor-* | trīx, -trīcis | *rin, kämpferisch* |
| obji..) | *werfen* | īnfectus | *ungetan* |
| quī? | *wie?* | | |

## 20 C₁    Grammatik (Formenlehre)
### Ire eo iī itum gehen
(Die Wurzel ei- wird meist zu i-, vor den dunklen Vokalen
a, o, u zu e-).

| Präs. Ind.: | eō | īs | it | īmus | ītis | eunt |
|---|---|---|---|---|---|---|
| Konj.: | eam | eās | eat | eāmus | eātis | eant |
| Impf. Ind.: | ībam | ībās | ībat | ībāmus | ībātis | ībant |
| Konj.: | īrem | īrēs | īret | īrēmus | īrētis | īrent |
| Futurum I: | ībō | ībis | ībit | ībimus | ībitis | ībunt |
| Perf. Ind.: | iī | īstī | iit | iimus | īstis | iērunt |
| Konj.: | ierim | ieris | ierit | ierimus | ieritis | ierint |
| Plusq. Ind.: | ieram | ierās | ierat | ierāmus | ierātis | ierant |
| Konj.: | issem | issēs | isset | issēmus | issētis | issent |
| Futurum II: | ierō | ieris | ierit | ierimus | ieritis | ierint |
| Infinitive: | īre | isse | itūrum | esse | | |
| Part. praes.: | iēns euntis | | Part. fut.: | itūrus | | |
| Gerundium: eundī eundō usw. Supinum I: itum    II: itū | | | | | | |
| Im Passiv nur unpersönlich, also 3. Person: | | | | | | |
| ītur *man geht* | ībātur usw. | | itum est usw. | | eundum est | |

### Komposita von īre mit ihrer Konstruktion:

| | |
|---|---|
| abīre magistrātū | *weggehen, aus dem Amt scheiden* |
| adīre *ad aliquem* (*aliquem*) | *herangehen (besuchen, bitten)* |
| inīre foedus (proelium) | *Vertrag schließen (Kampf beginnen)* |
| obīre mortem, diem suprēmum | *sterben* |
| obviam īre | *entgegen gehen (via Weg)* |
| praeterīre silentiō | *mit Stillschweigen übergehen* |
| prōdīre in pūblicum | *vor die Öffentlichkeit treten* |
| subīre perīculum | *eine Gefahr auf sich nehmen* |
| trānsīre flūmen | *einen Fluß überschreiten* |

Ferner: circumīre herumgehen, coīre zusammenkommen, exīre hinausgehen, interīre untergehen, introīre eintreten (nicht inīre!), redīre zurückkehren.

Zu perdere verderben, vernichten gilt perīre zu Grunde gehen als Passiv, ebenso vēnīre, vēneō verkauft werden, zu vēndere verkaufen (vēnum zum Verkauf).

Anknüpfungen: exitus, exitium, interitus Untergang, reditus Rückkehr, coetus Zusammenkunft, Abiturient von neulateinischem abiturīre abgehen wollen, vgl. ēsurīre S. 31.

## Deponentien der IV. Konjugation 20 C₂

| | | | |
|---|---|---|---|
| experīrī | *versuchen, erproben* | experior | expertus sum |
| mētīrī | *messen* | mētior | mēnsus sum |
| ōrdīrī | *anfangen, beginnen (mit ab)* | ōrdior | ōrsus sum |
| orīrī | *entstehen, aufgehen* | orior | ortus sum (oritūrus) |
| adorīrī | *angreifen* | adorior | adortus sum |
| potīrī | *sich bemächtigen* | potior | potītus sum |

## Satzlehre 20 D
### Consecutio temporum

Ist ein Nebensatz im Grunde genommen Objekt zu einem übergeordneten Satz, so bezeichnet man ihn als „innerlich abhängig". Konjunktive in innerlich abhängigen Sätzen sind nach dem Tempus des Hauptsatzes ausgerichtet; das nennt man *Cōnsecūtiō temporum*. Steht der Hauptsatz im Präsens oder Futurum, so erhält der Nebensatz den *Coni. praes.* oder *Coni. perfecti*, steht im Hauptsatze ein Tempus der Vergangenheit, so folgt der *Coni. impf.* oder *plusq.*, je nachdem, ob die Handlung des Nebensatzes mit der des Hauptsatzes gleichzeitig ist oder vorzeitig, d. h. früher fällt.

| | |
|---|---|
| Ignōrō, quid dīcere velīs | *ich weiß nicht, was du sagen willst.* |
| Nesciō, quid eī dīxeris | *ich weiß nicht, was du ihm gesagt hast.* |
| Petīvī abs tē, ut mihi īgnōscerēs | *ich bat dich, daß du mir verziehest.* |
| Facile cōgnōvit, cur id dīxisset | *er erkannte leicht, warum er das gesagt hatte* (cūr *warum*). |

Es sind indirekte (abhängige) Fragesätze. Die direkten Fragen würden lauten: Quid vīs dīcere?, quid dīxistī?, cūr id dīxerat? Nur im 3. Beispiele haben wir einen Aufforderungssatz: īgnōsce mihi!

Nun kann vorkommen, daß der Nebensatz einen *Coni. futūrī* braucht, weil seine Handlung in der Zukunft liegt; da es hierfür keine besonderen Formen gibt, werden sie *ersetzt* mit Hilfe des *part. futūrī*: Nōn dubitō, quīn ventūrus sit ich zweifle nicht, daß er kommt, eigentlich „kommen wird", aber wir sparen uns dies Futurum im Deutschen meist (vgl. 20 A Satz 1).

Es ergibt sich:

nōn dubitō, quīn veniat = in itinere sit *daß er unterwegs ist*
nōn dubitō, quīn ventūrus sit *daß er kommt = eintreffen wird*
nōn dubitō, quīn advēnerit = adsit *daß er gekommen ist, da ist*

Diese Quīn-Sätze nach „nōn dubitō" sind Objektssätze, sie wären nach „nōn dubium est" Subjektssätze.

Nē-Sätze nach Verben des Fürchtens (3 D 5) haben niemals den *Coni. futūrī*: perīculum est, nē veniat es besteht die Gefahr, daß er kommt.

———

Von Stunde 21 an sind Längenstriche nur noch bei neu auftretenden Vokabeln gesetzt.

**21 A** ## 21. Stunde

Iam admodum mītigātī animi raptarum erant; at earum parentes sordidā veste lacrimīsque et querēlīs civitates finitimas concitābant. sed iis, quae solae in agrum Romanum impetus fecerant, obvius fiebat cum exercitu Romulus omnesque fundebat fugabatque et fusos persequēbātur. victorem Romulum Hersilia coniunx, precibus raptarum fatīgāta, oravit, ut parentibus earum daret veniam eosque in civitatem acciperet.

| | | | |
|---|---|---|---|
| admodum *adv.* | *völlig, ganz und gar* | obvius a um | *entgegen (via Weg)* |
| mītis -e | *mild* | persequī | *verfolgen* |
| mītigāre | *mildern, beschwichtigen* | fatīgāre | *ermüden, erschöpfen* |
| | | venia | *Verzeihung, Erlaubnis, Gnade* |
| sordidus | *schmutzig* | | |
| vestis -is *f* | *Kleidung* | accipere | *annehmen, empfangen* |
| lacrima | *Träne* | | |
| querēla | *Klage, Beschwerde* | concitāre | *erregen* |

# Übung 21 B

Suis rebus contentum esse maximae sunt certissimaeque divitiae. Non debet dubitari, quin ante Homerum fuerint poetae. Quis dubitat, quin in virtute divitiae sint. Nullum adhūc intermisi diem, quin aliquid ad te literarum darem. Galli non dubitant, quin Romani omnibus Gallis libertatem sint ēreptūrī. Caesar non dubitabat, quin milites se in omnes terras secuturi essent. Amantes āmentēs! (Terenz). Fiat iustitia, pereat mundus (schon die Römer erkannten, daß eine Verfolgung des Rechts in die äußersten Konsequenzen zu höchstem Unrecht führen kann). In necessariis ūnitās, in dubiis libertas, in omnibus autem cāritās (ergänze sit).

| | |
|---|---|
| adhūc *adv.*   *bisher* | ūnitās ātis *f*   *Einheit, Einigkeit* |
| ēripere ēripuī *entreißen* | cāritās -ātis *f*   *Hochachtung, Liebe* |
| āmēns āmentis *sinnlos* | non dēbet   = *darf nicht* |

# Grammatik (Formenlehre) 21 C₁

## Defektive Perfektstämme

Folgende Perfektstämme haben präsentische Bedeutung:

Odisse hassen: ōdī ich hasse, ōdistī, ōderam ich haßte, ōderō ich werde hassen. Passiv: (in) odiō esse gehaßt werden (odium Haß).

meminisse sich erinnern: meminī ich erinnere mich, memineram meminerō. *Imp.* mementō, mementōte! erinnere dich, erinnert euch!

Konjunktive: ōderim ōdissem meminerim meminissem.

Die *Perfekta* zu nōscere und cōnsuēscere (18 C 2) werden auch präsentisch gebraucht: nōvī habe erkannt = kenne, weiß, cōnsuēvī habe mich gewöhnt = pflege.

Das von einem alten Verbum coepere übrig gebliebene Perfektum coepī habe angefangen und coeptus begonnen wurde mit dem Verbum incipere incipiō (*Compositum* von capere) zusammengestellt: incipiō fange an.

## prōdesse nützen 21 C₂

Wie bei posse (*können* 4 C 3) sind einige Besonderheiten zu prōdesse zu merken: Das auslautende -d der Präposition prō, also ursprünglich prōd- hält sich nur vor Vokalen: prōdēs,

prōdest, prōdestis; prōderam, prōderās usw.; prōderō, prōdesse, prōdessem und *Imp.* prōdes! prōdeste!

Es fällt aus vor -s, also prōsum, prōsumus, prōsunt, prōsim,
prōsīs usw. Auch im Perfektstamm fehlt es: prōfuisse, prōfui,
prōfueram usw.

## 21 D                    Satzlehre
                          „ut"

1. Als Adverbium des Vergleichs, der Ähnlichkeit; wie
*Composita* sicut sowie, velut zum Beispiel.
Dēfendō tē sicut caput meum.

2. Als Konjunktion.
Hostes se, uti coeperant, in montem recēpērunt (sē re-
cipere sich zurückziehen); ut magistratibus leges, ita populo
praesunt magistratus. Multi glōriōsē mortui sunt ut Leōnidās,
ut Epaminōndās, alii (abgekürzter Vergleich: mortui sunt
[sind gestorben] ist hinter alii nicht wiederholt).

3. ut ... ita ... zwar ... aber ...
omnia ut invītīs ita non adversantibus (adversārī sich wider-
setzen), patriciis trānsacta sunt (trānsigere zustande bringen,
invītus wider Willen).

4. Als Konjunktion der Zeit: ut (oft: ut primum) sobald.
Romani ut primum de adventū (Ankunft) Pyrrhi certiōrēs
facti sunt (certiōrem facere benachrichtigen), magnum exercitum cōnscrīpsērunt (hoben aus).

5. Als Konjunktion der Annahme — ut concessīvum — gesetzt, daß (Konjunktiv!). Ut desint vires, tamen est laudanda
voluntas. Ut omnes captivi idem dixerint, fides iis non
habenda est.
Verneint nē. Ne sit summum malum dolor, malum certe
est (dolor is *m* Schmerz).

6. ut nach Wunschverben: Ubii Caesarem māgnopere ora-
bant, ut sibi (*Indir. Reflex.* 15 D) auxilium ferret (māgnopere
sehr).

7. Ut finale damit, verneint nē auch ut nē damit nicht (Absicht)·
Helvetii sementēs quam maximas facere constituerunt, ut
in itinere cōpia frumenti suppeteret (sementis *f* Aussaat, quam
maximas 16 C 1, cōpia Vorrat, suppetit ist vorhanden, reicht
aus).

8. ut consecutivum (Folge) daß, so daß, verneint ut nōn.
Vorangeht oft ein „so"-Begriff (talis, tantus, tantopere so sehr) oder ein Verbum, das durch den folgenden ut-Satz erläutert wird (accidit, ut (11 C$_3$), consuetudo est, ut (18 C$_2$), mos est es besteht die Sitte, quō factum est so geschah es, daß …

illa nocte accidit, ut lūna esset plena.

Nach Komparativen quam ut: Milites fortius pugnaverunt, quam ut vinci possent (als daß vgl. 16 D$_2$).

Weitere Beispiele 22 B.

---

# 22. Stunde 22 A

Tum novissimum ab Sabinis bellum ortum est longēque id maximum fuit: nihil enim ut antea per iram aut cupiditatem actum est nec ostenderunt bellum prius quam intulerunt. consilio etiam additus est dolus: Titus enim Tatius rex Sabinorum Spurii Tarpei, qui Romanae praeerat arci, filiam virginem, cum aquam forte ea tum sacris extra moenia petitum isset, auro corrūpit, ut armatos in arcem acciperet. accepti virginem obrutam armis necaverunt, ut vi capta esse potius arx videretur.

| | | | |
|---|---|---|---|
| longē | 16 C$_1$ | corrumpere | *bestechen* |
| prius | 11, 16 C$_1$ | obruere | *überschütten, vergraben* |
| addere addidī | *hinzufügen* | | |
| Tarpēī = Tarpēiī | | potius *adv.* | *lieber, vielmehr* |
| praeesse *dat.* | *kommandieren* | bellum inferre | *Krieg anfangen* |
| sacrum | *Heiligtum, Opfer* | | |

## Übung 22 B

Tanta virtus militum fuit, ut de vallo decēderet nemo. Pax Carthaginiensibus data est ea condicione, ut omnes naves traderent. Metellus legatos ad Bocchum misit, ne sine causa hostis populo Romano fieret. Saguntīnī (Einwohner von Sagunt, Spanien) ut a proeliis quietem habuerant per aliquot dies, ita non nocte non die cessāverant a munitiōne. Quae volumus, ea credimus libenter. Hoc mihi, velim, credas! Ducunt volentem fata, nolentem trahunt (Seneca).

Aut prodesse volunt aut dēlectāre poetae (Horaz).
Tu ne cede malis, sed contrā audentior ito! (Vergil).
Multa tulit fecitque puer, sūdāvit et alsit (Horaz).
Dīmidium facti qui coepit habet, sapere aude,
incipe! (Horaz).

| | | | |
|---|---|---|---|
| dēcēdere | *weggehen, sterben* | contrā *adv.* | *dagegen, gegenüber* |
| pāx pācis *f* | *Friede* | contrā *acc.* | *gegen* |
| aliquot | *beträchtlich, viele* | sūdāre | *schwitzen* |
| quot | *wie viele* (13 C) | sūdor -is *m* | *Schweiß* |
| tot | *so viele* | algēre alsī | *frieren* |
| cessāre | *pausieren,säumig sein* | sapere sapiō | *Geschmack, Einsicht* |
| mūnitiō -nis *f* | *Schanzarbeit* | | *haben* |
| dēlectāre | *erfreuen, ergötzen* | dīmidium | *Hälfte* (medius 55) |

# 22 C    Grammatik (Formenlehre)

| Deponentien der III. Konjugation: | | | |
|---|---|---|---|
| loquī | *reden, sprechen* | loquor | locūtus sum |
| sequī *acc.* | *folgen, verfolgen* | sequor | secūtus sum |
| fungī *abl.* | *verrichten* | fungor | functus sum |
| fruī *abl.* | *genießen* | fruor | (fruitūrus) |
| querī | *sich beklagen* | queror | questus sum |
| lābī | *fallen, gleiten* | lābor | lāpsus sum |
| ūtī *abl.* | *gebrauchen, haben* | ūtor | ūsus sum |
| nītī *abl.* | *sich stützen, anstrengen* | nītor | nīsus (nīxus) sum |
| vēscī *abl.* | *sich nähren, essen* | vēscor | (ēdī 8 C) |

*Composita*: assequī, cōnsequī erreichen, erlangen, einholen;
obsequī willfahren, gehorchen; persequī verfolgen; prōsequī
geleiten; subsequī auf dem Fuße, unmittelbar folgen; abūtī
mißbrauchen; colloquī sich unterreden.

Anknüpfungen: loq- colloquium Unterhaltung; ēloquentia
Beredsamkeit; seq- secundus der folgende, zweite; rēs se-
cundae Glück; fru- frūctus Nutzen, Ertrag, Frucht; frūmentum
Getreide, Korn; frūgēs um *f* Feldfrüchte; quer- querēla Klage,
Beschwerde; lāb- lāpsus ūs Fall; lābilis gleitend; ut- ūsus
Gebrauch; ūtilis nützlich.

# 22 D    Satzlehre

Verschiedenheit im lateinischen und deutschen Gebrauch
der *Modi*.

1. In verallgemeinernden Relativsätzen wenden wir oft den
Konjunktiv an, der Römer den Indikativ. Einleitende *Relativa*:

quisquis jeder, der, wer auch immer; quicunque jeder der, welcher auch immer; utcumque wie auch immer u. a.

Utcumque se res habuit, tamen tua culpa est (sich verhalten haben mag). Quidquid id est, timeo Danaōs (= Graecōs) et dona ferentes sagt bei Vergil Laokoon vor dem Hölzernen Pferde (was das auch sein mag). Quaecunque ad oppūgnātiōnem opus sunt, comparantur (was auch nötig sein mag); opus esse — nur 3. Person im Singular oder Plural — nötig sein. Vir bonus non desistit, quibuscumque rebus potest, patriam iuvare. Quidquid agis, prudenter agas et respice finem!, respicere beachten.

2. Paene cecidi beinahe wäre ich gefallen. Sogen. *abundierender Irrealis*, wir bezeichnen das „Fallen" als irreal, der Römer hat mit paene die Irrealität genügend ausgedrückt.

3. possum de hac re plura dicere ich könnte darüber noch mehr sagen. Der Römer bestreitet das Können nicht (ich kann jedenfalls!), die Irrealität liegt für ihn logischerweise im „dicere", ich sage es nicht!

Weitere solche Fälle: optandum est es wäre zu wünschen, tuum erat es wäre deine Pflicht gewesen, longum est es wäre zu weitläufig u. a. m.

*Vokabeln:*

culpa, *Schuld*, oppūgnātiō *Bestürmung*, dēsistere *aufhören, abstehen.*

---

# 23. Stunde     23 A

Tenebant igitur arcem Sabini, Romani ardēbant ira et cupiditate arcis recuperandae. utrimque proelio commisso acriter pugnatum est. aciē Romana inclīnātā Romulus, cum ipse turba fugientium ad veterem portam Palatii actus esset, arma ad caelum tollens „Iuppiter", inquit, „tuis iussus avibus hīc in Palatio prima urbis fundāmenta ieci, arcem iam scelere emptam Sabini habent; inde hūc armati tendunt. at tu, pater deorum hominumque, hinc saltem arcē hostes, dēme terrōrem Romanis fugamque foedam siste! hic ego tibi templum Stātōrī Iovi, quod monumentum sit posteris, voveō."

| | | | |
|---|---|---|---|
| igitur, ergō | *also, folglich* | hinc *adv.* | *von hier* |
| ardēre arsī | *brennen* | saltem *adv.* | *wenigstens* |
| recuperāre *von* | *wiedergewinnen* | dēmere dēmpsī | *wegnehmen* |
| capere | | terror -is *m* | *Schrecken* |
| utrimque *adv.* | *beiderseits* | terrēre | *schrecken* |
| aciēs aciēī *f* | *Schneide, Schlacht-* | foedus a um | *häßlich* |
| | *reihe* | sistere stitī | *hinstellen, zum* |
| inclīnāre | *eindrücken* | | *Stehen bringen* |
| dēclīnāre | *beugen* | monumentum | *Denkmal* |
| fundāmentum | *Grundlage* | vovēre vōvī | *geloben* |
| fundus -ī | *Grund, Boden* | vōtum | *Gelübde* |
| lātifundium | *großes Gut* | arcēre arcuī | *wehren, fern halten* |
| lātus a um | *breit* | templum | *heiliger Ort, Tempel* |
| hūc *adv.* | *hierher* | | |

# 23 B      Übung

Multi homines non bene utuntur divitiis. Caesar nunquam sanguine militum abuti voluit.

> „Frui parātīs et valido mihi,
> Latōe, dones ac, precor, integra
> cum mente nec turpem senectam
> dēgere nec citharā carentem!" (Horaz).

Brevi tempore urbe potietur. Rērum potīrī ab initio in animo habuit. Multi populi carne et lacte vescebantur. Salus rei publicae in bonis civibus (in concordia bonorum civium) nititur.

Tuum erat, mi fili, amicis auxilium ferre. Ad ea quae dixit ille, respondere facile erat; sed tacuī. Si unum diem morātī essetis, moriendum fuit omnibus. Brutum ego non minus diligo quam tu, paene dixi, quam te. Cum (wenn) duo faciunt idem, non est idem.

> Pictōribus atque poetis
> quidlibet audendi semper fuit aequa potestas (Horaz).
> Nam tua res agitur, pariēs cum proximus ardet (Horaz).

Qui tacet, cōnsentīre videtur.

Konstruiere: Dones mihi et valido (auf mihi bezogen) et integra cum mente frui paratis nec turpem nec cithara carentem senectam degere. (Gebet an Apollon, Sohn der Latōna).

| | | | |
|---|---|---|---|
| parāta | *Erworbenes* (3 D 1) | senecta -ae | = senectūs |
| Latōus | = *Latōnae filius* | senectūs -ūtis *f* | *Greisenalter* |
| precārī | *bitten, beten* | vitam dēgere | *Leben führen* |

| | | | | |
|---|---|---|---|---|
| cithara | Zither | | morārī | zögern, säumen |
| carēre | nicht haben, entbehren | | pictor | Maler |
| rērum potīrī | Herrschaft gewinnen | | pingere, pinxī, pictum | malen |
| carō carnis f | Fleisch | | quidlibet | beliebiges |
| lac lactis n | Milch | | pariēs etis m | Wand |
| tacēre | schweigen | | proximus a um | nächster |
| tacitus | schweigsam | | cōnsentīre | zustimmen |

## Grammatik (Formenlehre)  23 C
### Deponentia der III. Konjugation mit -i-Erweiterung und -sc- im Präsensstamm

| patī | ertragen, dulden, leiden | patior | passus sum |
|---|---|---|---|
| morī | sterben | morior | mortuus sum |
| gradī | schreiten | gradior | gressus sum |
| aggredī | angreifen | aggredior | aggressus sum |
| prōgredī | vorrücken | prōgredior | prōgressus sum |
| trānsgredī | überschreiten, z.B. flūmen | trānsgredior | trānsgressus sum |
| nāscī | geboren werden | nāscor | nātus sum |
| oblīvīscī | vergessen | oblīvīscor | oblītus sum |
| prōficīscī | aufbrechen, marschieren | prōficīscor | prōfectus sum |
| ulcīscī | sich rächen (acc.) | ulcīscor | ultus sum |
| adipīscī | erlangen, erreichen | adipīscor | adeptus sum |
| nancīscī | (durch Zufall) erreichen | nancīscor | nanctus, nactus s. |
| reminīscī | sich erinnern | reminīscor | (recordātus sum) |
| īrāscī | in Zorn geraten | īrāscor | — |

Anknüpfungen: pat- (vgl. 14 C 4) passiō Leiden; Patient; patientia Geduld; mor-mors (5), mortālis e sterblich, immortālis unsterblich; grad- gradus Schritt, Rang, Aggression, Kongreß von congredī zusammentreffen; nāscī Wz. gnaverwandt mit genus und gignere (15 C), part. fut. nāscitūrus, cōgnātus blutsverwandt; diēs nātālis Geburtstag, nātū von Geburt, nātūra; profic- prōficere vorwärts bringen, wirken; ult- ultor Rächer; min- men- meminī (21 C 1), mēns (8), mentīrī sich ausdenken, lügen; mentiō Erwähnung; ira- īrātus, ira (6).

## Satzlehre  23 D
### „cum"

1. Cum Caesar in Galliam venit, duae ibi erant factiōnēs, alterius factiōnis principes erant Haedui, alterius Sequani. Rein temporales cum mit Indikativ: als, zu der Zeit wo ... (factiō Partei).

2. **Cum tacent, clamant** wenn sie, dadurch daß sie schweigen rufen sie laut. „Beredtes Schweigen". **Helvetii fere cotidiānis proeliis cum Germanis contendunt, cum aut suis finibus eos prohibent aut ipsi in eorum finibus bellum gerunt** (cotīdiānus täglich, prohibēre fern halten, hindern). **Cum coincidens** dadurch daß, indem. Die Handlung des Nebensatzes „fällt zusammen" mit der des übergeordneten Satzes.

3. **Cum ruri sum** (cum rus ii) **otium me delectat. Ager cum multos annos quievit, uberiores fructus ferre solet. Cum iterativum** = quotiens sooft als, wenn (uber uberis fruchtbar, reich ergiebig, iterāre wiederholen).

4. **Vix domum redieram, cum amicus advenit. Hostes iam muros ascendebant, cum repente patefacta porta Romani eruperunt.** Die plötzlich oder unvermutet eintretende Handlung, die im untergeordneten Nachsatz durch ein *Perfectum historicum* (1 D b) oder ein lebhaft schilderndes *Praesens historicum* ausgedrückt wird, hat oft einen Zusatz wie repente, subito plötzlich. Im Hauptsatze findet sich manchmal vix (11) iam (5) nōndum (5) oder aegrē (16). Man spricht von **Cum inversum** (auch inversivum = verkehrt), weil die Aufteilung in Haupt- und Nebensatz nicht ihrer Wichtigkeit zu entsprechen scheint.

5. **Diu cum pugnatum esset, castris Romani potiti sunt.** Im Gegensatz zum cum temporale (s. o. Nr. 1) enger Zusammenhang beider Handlungen. „post hoc, ergo propter hoc". Kausaler Zusammenhang wird angenommen. **Cum historicum,** auch narrātivum genannt.

6. **Gaudeo te ex Italia redisse, praesertim cum videam te salvum esse** (praesertim zumal). **Cum causale,** begründendes cum „da".

7. **Cum haec ita sint, tamen vobiscum pacem faciam, si obsidēs (obses obsidis Geisel) a vobis mihi dabuntur.** Sogenanntes einräumendes oder gegensätzliches cum in der Bedeutung „obgleich, während doch": **cum concessivum** oder **adversātivum** (concēdere einräumen, zugeben).

———

# 24. Stunde     24 A

Haec precatus velut si sēnsisset audītas esse preces „hinc"
inquit, „Romani, Iupiter Optimus Maximus resistere atque
iterare pugnam vos iubet." Restitērunt Romani tamquam
caelestī vōce iussi. In Mettium Curtium Sabinorum prin-
cipem iam glōriantem Romulus impetum facit; is equo
pulsus in palūdem sē coniēcit, ex qua aegerrime ēvāsit.
redintegrātō proelio res Romana erat superior.

| | | | |
|---|---|---|---|
| sentīre sēnsī | *fühlen, meinen* | glōriārī | *sich rühmen, prahlen* |
| resistere -stitī | *widerstehen* | palūs palūdis *f* | *Sumpf* |
| vōx vōcis *f* | *Stimme* | sē conicere | *sich stürzen (spr.:* |
| caelestis -e | *himmlisch* | | *conji...)* |
| tamquam *adv.* | *gleichwie, gewisser-* | redintegrāre | *erneuern* |
| | *maßen* | ēvādere ēvāsī | *entkommen* |

## Übung     24 B

Omne malum nascens facile opprimitur. Nasciturus pro iam
nato habetur, quotiens de commodō eius agitur (aus dem
„Corpus iuris civilis"). Ruf der Fechter im Römischen Circus:
Avē, Caesar, morituri te salutant. Longum iter est per praecepta,
breve et efficax per exempla (Seneca). Aus der Aeneis des
Vergil:

Discite iustitiam moniti et non temnere dīvōs! —
Tu regere imperio populos, Romane, memento
(haec tibi erunt artes) pacique imponere morem,
parcere subiectis et dēbellāre superbōs (Vergil). —
Principibus placuisse viris non ultima laus est (Horaz).
Principiis obstā! sero medicina paratur (Ovid).

Nulla dies sine līneā (Schlußstrich, den man am Abend ziehen
soll; übrigens addierte der Römer von unten nach oben und
schrieb das Ergebnis als oberste Zeile: summa, daher unser
Ausdruck Summe).

| | | | |
|---|---|---|---|
| commodum | *Vorteil* | praeceptum | *Vorschrift* |
| incommodum | *Nachteil* | praecipere | *verordnen, verfügen* |
| avē | *sei gesegnet, gegrüßt* | temnere = | contemnere |

| | | | |
|---|---|---|---|
| contemnō, tempsī, | *verachten* | obstāre | *entgegenstehen,-treten* |
| temptum | | līnea | *Leinenfaden, Schnur,* |
| dēbellāre | *niederkämpfen* | | *Strich* |
| laus laudis *f* | *Lob, Ruhm* | dīvus a um | *göttlich* |

## 24 C      Grammatik (Formenlehre)

### Wichtiges aus der Wortbildung

Im Lateinischen werden Wörter gebildet: a) durch Ableitung (dērīvāta), b) durch Zusammensetzung (composita), nur wenige Wörter sind unmittelbar aus der Wurzel gebildet.

Die Ableitung geschieht von einer Wurzel aus, an der ein Grundbegriff haftet; diese Wurzel findet sich rein oder in abgelauteter Form in allen zur selben Wortsippe gehörenden Wörtern, z. B. Wurzel sta- stāre, stabilis standhaft, stabilitās Standhaftigkeit, stabilīre feststellen, stabulum Stall, Stātor der Fluchthemmende (vgl. 23), status Zustand, statiō statim stehenden Fußes, statua Standbild, statuere, si-st-ere u. a.

Selten finden sich Substantive, die von der bloßen Wurzel gebildet sind, „Wurzelnomina": a) sol, sal, Nominativ = Wurzel (sōl *m* |Sonne, sāl *m* Salz); b) regs > rex, leg-s > lex, art-s > ars, ped-s > pes, urb-s > urbs, Nominativ = Wurzel + s (sigmatischer Nominativ).

Meist erfolgt die Bildung von Substantiven und Adjektiven durch eine Erweiterung hinter der Wurzel, sog. „Suffix".

Die einfachste Erweiterung ist die durch einen Vokal scrib-a Schreiber (1. Deklination); fid-o-s = fidus (2. Deklination). Von weiteren, teils ein- teils mehrsilbigen Suffixen sind folgende bemerkenswert:

-tor- (*fem.* -tric-), weitergebildet, -ātor- und -itor-, bei schließendem t-Laut: -sor.

Imperator, orator Redner, victor dēfēnsor Verteidiger, possessor Besitzer, bellator, bellatrix (20).

Die Suffixe -tu- und -tiōn bezeichnen eine Tätigkeit: cantus cultus fluctus usus (Wz. ut-), vēnātus Jagd, mentio vēnātiō; die Suffixe -ta- und -tāt- bezeichnen eine Eigenschaft oder einen Zustand: senecta (23), fossa (Wz. fod-), dignitās (dignus), libertās, civitās.

## Satzlehre 24 D
### Temporalsätze

In Nebensätzen der Zeit finden sich außer cum (23 D 1, 5) und ut (21 D 4) noch weitere Konjunktionen:

Caesar postquam hostium copias non longe abesse cognovit, castra posuit (nachdem, als).

Legati simulatque in castra venerunt, statim ad consulem ducti sunt (ut primum, cum primum, simulac, ubi sobald als).

Mardonius dum fortissime pugnat, cecidit (dum „während" mit dem Indikativ des Präsens).

Abito, dum erit facultas! (dum, donec, quamdiu, quoad mit Indikativ „solange wie").

Expectāvit Caesar, dum naves convenirent (dum „solange bis" mit Konjunktiv, um die Erwartung auszudrücken).

De Carthagine non ante vereri desinam, quam illam excisam esse cognovero (antequam, priusquam — in einem Worte oder getrennt — „bevor" mit Indikativ oder, bei subjektivem Nebensinn, Konjunktiv). Caesar collem celeriter, priusquam ab adversariis sentiatur, commūnit.

Quotiens (cum) domi eram, libros legebam. (quotiens und cum der Wiederholung „jedesmal, wenn", „sooft als" mit Indikativ).

| | |
|---|---|
| castra pōnere *ein Lager aufschlagen* | excīdere cīdi cīsum *vernichten* |
| expectāre *erwarten* | commūnīre = mūnīre |

---

# 25. Stunde 25 A

Tum Sabinae mulieres, quarum ex iniūriā bellum ortum erat, crīnibus passis victo muliebri pavōre ausae sunt se inter tēla volantia inferre, ut dīrimerent īnfēstās acies, hinc patres, hinc viros orantes, ne soceri generique sanguine nefandō se respergerent. „Si affīnitātis vos, si conubii piget, in nos vertite iras; nos causa belli, nos vulnerum et caedium viris ac parentibus sumus; perire malumus quam sine alteris vestrum viduae aut orbae vivere."

| iniūria | Unrecht, Beleidigung | nefandus | unerlaubt, ruchlos |
|---|---|---|---|
| im akt. od. pass. | | respergere | bespritzen |
| Sinne | | spargere sparsī | streuen, sprengen |
| crīnis -is *m* | Haar | affīnis -e | angrenzend, ver- |
| pavor -ōris *m* | Zittern, Angst | | schwägert |
| pavidus a um | ängstlich | affīnitās -ātis *f* | Verschwägerung |
| volāre | fliegen | piget mē *gen.* | mich verdrießt |
| tēlum -ī *n* | Geschoß, Waffe | vidua | Witwe |
| dirimere dirēmi | trennen | orbus a um | beraubt, verwaist |
| īnfēstus | feindlich | orbāre | berauben |

## 25 B　　　　　　Übung

Ubi de Caesaris adventu Helvetii certiores facti sunt, legatos ad eum miserunt. Quocumque (wohin nur immer; überall wohin) aspexistī, ut furiae sic tibi occurrunt iniuriae. Graeciae civitates, dum imperare singulae cupiunt, imperium omnes perdiderunt (20 C). Tib (Abkürzung für Tiberius) Gracchus tamdiū laudabitur, dum memoria rerum Romanarum manebit. Obsidiō deinde per paucos dies magis quam oppugnatio fuit, dum vulnus ducis curaretur.

Dum spīrāmus, speremus! Vincere scis, Hannibal, victoria uti nescis. Cum docemus, discimus. Eritis sicut Deus scientes bonum et malum (Goethe, Faust nach I. Mos. 3). Navigare necesse est, vivere non est necesse (Haus „Seefahrt" Bremen).

> Et, semel ēmissum, volat irrevocābile verbum (Horaz).
>
> Bene qui latuit, bene vixit (Ovid).
>
> Levius fit patientia, quidquid corrigere est nefās (Horaz).
>
> Quid sit futurum crās, fuge (= noli) quaerere! (Horaz).

| aspicere aspexi | anschauen | nescīre | nicht wissen |
|---|---|---|---|
| furia | Wut, Furie | irrevocābilis | unwiderruflich |
| occurrere | entgegentreten | latēre | verborgen sein |
| tamdiū *adv.* | so lange | corrigere corrēxī | verbessern |
| obsidiō -nis *f* | Belagerung | fās *indecl.* | Recht |
| spīrāre | hauchen, atmen | nefās *indecl.* | Unrecht |
| ēmittere | entsenden, loslassen | crās *adv.* | morgen |

## 25 C　　　Grammatik (Formenlehre)
### Verben der IV. Konjugation

| venīre | kommen | veniō | vēnī | ventum |
|---|---|---|---|---|
| advenīre | ankommen | adveniō | advēnī | adventum |
| ēvenīre | sich ereignen | ēvenit | ēvēnit | — |
| invenīre | (zufällig) finden | inveniō | invēnī | inventum |

| pervenīre | *gelangen* | perveniō | pervēnī | perventum |
|---|---|---|---|---|
| reperīre | *finden (suchend)* | reperiō | repperī | repertum |
| comperīre | *erfahren* | comperiō | comperī | compertum |
| sancīre | *heiligen, festsetzen* | sanciō | sanxī | sanctum |
| vincīre | *fesseln* | vinciō | vinxī | vinctum |
| haurīre | *schöpfen* | hauriō | hausī | haustum |
| sentīre | *fühlen, empfinden* | sentiō | sēnsī | sēnsum |
| sepelīre | *bestatten, beerdigen* | sepeliō | sepelīvī | sepultum |
| aperīre | *öffnen* | aperiō | aperuī | apertum |
| salīre | *springen* | saliō | saluī | — |

Anknüpfungen: adventus ūs *m* Ankunft; ēventus ūs *m* Erfolg; vinculum Fessel; *plur.*: Gefängnis; sēnsus ūs *m* Sinn, Denkart; sententia Meinung; cōnsēnsus ūs Übereinstimmung; dissēnsiō nis *f* Meinungsverschiedenheit; sepulcrum Grab; apertus a um offen; saltāre springen, tanzen; exultāre frohlocken; saltus ūs *m* Sprung.

Die anderen Verben der IV. Konjugation haben meist die der I. und II. Konjugation entsprechenden Stammformen auf -īvī und -ītum, wie audīre, audiō, audīvī, audītum.

## Satzlehre 25 D
### Futurische Satzgefüge

Faciam, quae potero. Ich werde tun, was ich kann. Wie das Tun in der Zukunft liegt, so auch das Tunkönnen, sagt sich der Römer und setzt dieses Können pedantisch genau ins Futurum. Scribam tibi, si quid de fortuna amici nostri cognovero. (Ich kann erst — in Zukunft — schreiben, wenn ich — ebenfalls in der Zukunft — werde Nachricht bekommen haben). Ut sementem feceris, ita metēs. (Ernte in der Zukunft, Aussaat in der Zukunft schon vergangen). Priusquam rediero, frater meus proficisci non potest (= non proficiscetur; es könnte natürlich auch gesagt werden: non poterit). Qui nos adiuvabit (adiuverit), eum adiuvemus. Helfen wir ihm, sei es, daß er uns geholfen hat, oder daß seine zukünftige Hilfe zu erwarten ist. Cicero schreibt einmal wegen eines Ankaufs, an den er denkt: Ego vērō dē vēnditiōne villae nihil cōgitō, nisi quid, quod magis me delectet, invenero. (Ich will erst etwas gefunden haben, — also in der Zukunft — ehe ich daran denken kann, die alte Villa zu verkaufen. Im Relativsatz der Konjunktiv, um auszudrücken, daß das neue Haus so sein muß, daß es mir behagt.)

Vokabeln: metere, metō, messem fēcī, messum ernten.
vērō aber, vēnditiō nis *f* Verkauf. Nach sī und nisī wird statt
aliquid nur quid gesagt; vgl. „ne quis" in 9 und 14 C. cōgi-
tāre denken, bedenken.

## 26 A       26. Stunde

Movit res cum multitudinem tum duces: silentium ac
repentīna facta est quies. deinde ad foedus faciendum
prōdiērunt duces; nec pācem modo, sed civitatem unam
ex duabus fecerunt. regnum cōnsociātum est, imperium
omne collātum Romam.

| | | | |
|---|---|---|---|
| repentīnus (23 D) | *plötzlich* | cōnsociāre | *vereinigen* |
| | | cōnferre | *verlegen* |
| prōdīre | *vortreten* | pāx pācis *f* | *Frieden* |

## 26 B       Übung

Quamdiu potero, tacebo. tacendum tibi est, quamdiu poteris.
Tace, quamdiu poteris! taceamus, dum poterimus. Si prae-
ceptorum patris memor eris, vir bonus ac iustus fies. Si quid in
te peccavi, ignosce! Labienus interdīcit, ne quis quem prius
vulneret, quam Indutiomarum interfectum viderit. Im Kampfe
mit Maxentius erschien dem Kaiser Konstantin am Himmel
ein Kreuz mit den Worten „in hoc signo" (nämlich vinces);
die Anfangsbuchstaben ergeben IHS (= Iēsūs, griechisch).
Pāx vobiscum! (ev. Luc. 24, 31). Quieta non movere d. h. zur
Ruhe Gekommenes nicht wieder aufrühren („Ein altes gutes
politisches Sprichwort" Bismarck). Requiēscat in pace! auch
abgekürzt RIP auf vielen Grabsteinen. Laudātor temporis
acti (Horaz). Silent leges inter arma (Cicero).

| | | | |
|---|---|---|---|
| interdīcere | *untersagen* | laudātor ōris *m* | *Lobredner* |
| vulnerāre | *verwunden* | silēre | *still sein, schweigen* |
| requiēscere | *ruhen* | | |

## Grammatik (Formenlehre)     **26 C**

### Deminutiva

Eine Verkleinerung (deutsch -chen, -lein, -lin) gewinnt der Römer durch das Suffix -elo- (Nom. -elus): ager Acker, agellus (aus agerlos) kleiner Acker, asellus Eselchen zu asinus Esel, fabella kleine Geschichte zu fabula, tabella Täfelchen zu tabula, sigillum kleines Zeichen, Siegel zu signum, stella Stern, eigentlich Sternchen aus sterla; vgl. engl. star; articulus zu artus Glied.

Nach Vokalen Suffix -olus: filiolus Söhnchen, glōriola Abglanz des Ruhmes. Oft findet sich -ulus a um: rēgulus ein von Rom nicht oder noch nicht anerkannter König, Häuptling; fōrmula Schema, Formel zu fōrma Gestalt; puella aus puerula Mädchen; parvulus ziemlich klein; tantulus so klein.

Endlich einige erweiterte Suffixe, deren Herkunft man sofort erkennt, -ellus -illus: gemellus doppelt (geminī Zwillinge), novellus ziemlich jung. Zu pupus und pupa (vgl. Puppe), wie Kinder vor ihrer Namengebung genannt werden: pupillus und pupilla (Der Jurist sprach früher von pupillarischer, d. h. Mündelsicherheit). avunculus Oheim, neben avus Großvater, homunculus Menschlein, fasciculus Bündelchen (fascis), opusculum kleines Werk.

Auch mehrfache Verkleinerung kommt vor: caput Haupt. Kopf, capitulum Köpfchen, Kapitel („Hauptstück" Luther), capitellum eig. Köpfchen, trotz Größe und Gewicht auf Säulen,

## Satzlehre     **26 D**

### Gerundivum

Das Gerundivum (vgl. 6 C 3 b) drückt eine Notwendigkeit aus: parendum est man muß gehorchen; is liber legendus est muß gelesen werden. Verneint „nicht dürfen": dubitandum non est man darf nicht bezweifeln, verba consulis neglegenda non erant durften nicht unbeachtet bleiben, übersehen werden.

Die Person, von der etwas getan werden soll oder nicht getan werden darf, steht beim Gerundivum im Dativ: Omnibus hominibus moriendum est. Multae res discipulis discendae sunt. Facinus nobis laudandum. mihi iuvandum est ich muß heifen, aber amici iuvandi sunt den Freunden muß geholfen werden. multis de causis Caesar statuit Rhenum esse transeundum (hielt es für notwendig). Proficiscendum mihi erat eo ipso die (facinus, facinoris *n* Tat).

Hostes in spem potiundorum castrorum venerant (Hoffnung, sich des Lagers zu bemächtigen — transitives Gerundivum trotz sonstiger Ablativ-Konstruktion dieses Verbums).

Wechsel von Gerundium und Gerundivum: Germanis neque consilii habendi (Gerundivum) neque arma capiendi spatium (Frist, Raum) datum est (es könnte auch heißen: armorum capiendorum, doch werden diese -orum-Formen oft vermieden, also statt dessen das Gerundium gesetzt).

————

# 27 A          27.Stunde

Cum Romulus iam aetate prōvectus ad exercitum recēnsendum quondam cōntiōnem in campō haberet, subito coorta tempestās cum magno fragōre tonitribusque tam dēnsō regem operuit nimbō, ut cōnspectum eius cōntiōnī abstulerit. nec deinde in terris Romulus fuit. alii regem in caelum ēvectum esse crēdēbant, alii discerptum manibus patrum (multitudini enim grātior fuerat quam patribus) taciti suspicabantur.

| | | | |
|---|---|---|---|
| prōvectus | *vorgerückt* | cōnspectus | *Anblick* |
| recēnsēre | *mustern* | -ūs *m* | |
| cēnsēre cēnsuī | *schätzen, meinen* | cōnspiciō | *erblicken* |
| cōntiō -nis *f* | *Versammlung* | -spexi | |
| campus | *Feld, Ebene, Fläche* | ēvehere | *erheben* |
| campus Martius | *Marsfeld* | crēdere crē- | *anvertrauen, glauben* |
| coorīrī | *sich erheben* | didī | |
| tempestās | *Witterung, Sturm* | carpō, carpsī, | *pflücken* |
| fragor | *Lärm, Getöse* | carptum | |
| tonitrus -ūs | *Donner* | discerpere | *zerpflücken, zer-* |
| dēnsus a um | *dicht* | | *reißen* |
| operīre | *bedecken* | grātus a um | *angenehm, dankbar,* |
|   Ggs. aperīre | *öffnen* | | *erwünscht* |
| nimbus | *Sturmwolke* | | |

# 27 B          Übung

Oraculum responderat aut regi Spartanorum aut urbi cadendum esse. Hostibus spes potiendi oppidi discēssit. Cēterum

censeo Carthaginem esse delendam (Ausspruch des älteren Cato).
Pelopidas consilium cepit patriae liberandae. Gloria patriae
liberatae penes Pelopidam fuit (das Gerundivum bezeichnet die
beabsichtigte Handlung; die vollendete Handlung muß durch
das part. perfecti ausgedrückt werden). Der Dichter Juvenal
klagt: probitās laudatur et — alget! Horaz rät einem Mädchen,
den Augenblick zu nutzen: Carpe diem, quam minimum crē-
dula posterō! Cum docemus, discimus. Non scholae sed vitae
discimus.

Cēdendō (durch Nachgeben) victor abibis (Ovid).

Gleichmut (aequa mens) auch künftig in allen Lebenslagen
zu bewahren, rät Horaz einem Freunde: Aequam memento
rebus in arduīs / servare mentem, non secus in bonis / ab
īnsolentī temperātam / laetitiā ...! (temperātam = quam semper
temperāvistī ... gemäßigt hast, freigehalten hast von ...).

| | | | |
|---|---|---|---|
| discēdere | *weggehen, entschwin-* | posterus a um | *später* (16) |
| | *den* | arduus a um | *hoch, steil, schwierig* |
| cēterum *adv.* | *übrigens* | non secus *adv.* | *nicht anders* |
| penes (*acc.*) | *bei* | īnsolēns | *ungewohnt, über-* |
| probitās -ātis *f* | *Redlichkeit* | | *trieben* |
| probus a um | *rechtschaffen* | temperāre | *mäßigen, lenken* |
| quam minimum | *möglichst wenig* | laetus a um | *fröhlich* |
| crēdulus (26 C) | *leichtgläubig* | laetitia | *Freude* |
| schola | *Schule* | | |

# Grammatik (Formenlehre)     27 C
## Präfixe

Als Präfixe (vor die Wurzel gestellt: figere s. 9 C 4) treten
neben Präpositionen auf:

| | | |
|---|---|---|
| ali- | *irgend-* | aliquandō *irgendwann, einst,* aliquis |
| dis- | *zer-* | (*vor Vokalen* dir-) dirimere |
| | *auseinander* | discerpere discordia diversus |
| | *un-* | dissimilis difficilis |
| in- | *un-* | innupta incertus inopinans iniuria |
| nec-, ne- | *un-* | neuter nemo necesse nefandus nescire |
| red-, re- | *zurück* | redire rebellāre (*wieder Krieg anfangen*) redinte- |
| | *abermals* | grare relinquere reddere resistere recuperare |
| | | referre |
| sēd-, sē- | *gesondert, ohne* | sēparāre sēcūrus (*sorglos*) |

Wie zahlreich Angleichungen des Präfixes an den Anlaut
der Wurzel sind (Assimilation), zeigen beispielsweise die *Komposita* von ferre (18 C 1).

Zur Präposition ē, vor Vokalen ex, ist zu bemerken, daß als Präfix vor Konsonanten eine Form ec- in Betracht kommt: ecfugere = effugere; vor s ergibt sich ec-spectare = expectare, ec-sultāre = exultare (25 C), ec-struere = extruere erbauen, errichten. Hier hinter x noch ein s einzuschieben, wie man es vielfach liest, ist überflüssig.

## 27 D       Satzlehre

### Orts-, Raum- und Zeitangaben

#### 1. Ortsangaben.

| woher? | ex mit Ablativ | (*separativus*) |
|---|---|---|
| wo? | in mit Ablativ | (*locativus*) |
| wohin? | in mit Akkusativ | (*directivus*) |

Die Namen der Städte und kleinen Inseln entbehren der Präposition; also woher? Rōmā aus Rom, Corinthō aus Korinth, Carthāgine, Athēnīs; wohin? Rōmam nach Rom, Corinthum nach Korinth Athēnās; wo? Rōmae in Rom, Corinthī in Korinth; scheinbare Genetive, in Wahrheit Lokative auf -ī: Romae aus Romaī (15 C 1). Carthagine, Athēnīs aus K., A.

Entsprechend: domō von Hause, domī zu Hause, domum nach Hause; rūre vom Lande, rūrī auf dem Lande, rūs aufs Land.

Merke: terrā marīque zu Lande und zur See, domī bellīque in Krieg und Frieden.

#### 2. Räumliche Maßangaben.

a) Adjektive mit Akkusativ der Ausdehnung: fossa centum pedes longa, fluvius sex pedes altus (tief).

b) Substantive der Ausdehnungsart: vicus (Dorf) oppidi magnitudine, murus trium pedum crassitūdine (Dicke).

c) *Genetivus attributivus*: fossa quindecim pedum, fluminis altitudo erat circiter (ungefähr) quinque pedum.

#### 3. Zeitangaben.

| Wann? | Hoc die, media nocte, aestate, hieme (hiems hiemis *f* Winter), vesperi, bello Punico secundo, antiquis temporibus (antiquus alt). |
|---|---|
| Bis wann? | usque (bis) ad hunc diem. |
| Seit wann? | ab illo tempore, a puero, ex illo die. |
| Auf wann? | in (ad) certam diem, in eum annum. |

Zeitunterschied: multis annis ante (*adv.*), post (*praep.*) multos annos.

Wie lange?   multos annos, Romulus septem et triginta annos regnavit.

Wie alt?   puer novem annorum. Cato, octoginta annos nātus (= alt), ex vita decessit.

---

# 28. Stunde     28 A

Tum Proculus Iulius in contionem prodiit. „Romulus", inquit, „parēns huius urbis, prima hodiernā luce caelo repente dēlāpsus se mihi obvium dedit. Cum perfūsus horrōre venerābundus adstitissem, „abi", inquit, „nūntiā Romanis caelestes ita velle, ut Roma caput orbis terrarum sit; proinde rem militarem colant sciantque et posteris tradant nullas opes armis Romanis resistere posse." „haec", inquit, „locutus sublīmis abiit."

| | | | |
|---|---|---|---|
| hodiernus | *heutig* | horridus | *schauderhaft* |
| hodiē *adv.* | *heute* | venerābundus | *ehrerbietig* |
| crāstinus | *morgig* | venerārī | *verehren* |
| hesternus | *gestrig* | adsistere | *sich dazu stellen* |
| heri *adv.* | *gestern* | nūntiāre | *melden, künden* |
| dēlābī | *herabgleiten* | nūntius | *Bote, Botschaft* |
| obvium se dare | *entgegentreten* | orbis -is *m* | *Kreis* |
| perfundere | *übergießen* | sublīmis -e | *in die Luft sich er-* |
| horror -is *m* | *Schauder, Scheu* | | *hebend* |
| horrēre | *schaudern* | parēns | *Vater* (S. 65). |

## Übung     28 B

Imperator Caesar Augustus Nōlae, in oppido Campaniae, mortuus est. Obiit in cubiculō eodem, quo pater Octavius, hora diei nona, septuagesimo et sexto aetatis anno, diebus quinque et triginta minus. Corpus decūriōnēs mūnicipiōrum et colōniārum Nōlā Bovillās deportaverunt noctibus propter anni tempus, cum interdiu in basilicā cuiusque oppidi vel in aedium sacrarum maxima reponeretur. Bovillis equester ōrdō suscepit corpus urbique intulit atque in vestibulō domus collocavit. Postrīdiē pro aede Divi Iulii a Tiberio et pro rōstrīs veteribus a Druso, Tiberi filio, laudatus est (sogen. laudātio funebris Leichenrede). Tum senatorum umerīs in Campum Martium delatus crematusque est. Reliquias legerunt primores equitum tunicātī pedibusque nūdīs atque in Mausōlēō condiderunt inter Flaminiam Viam rīpamque Tiberis, quod ipse extruxerat.

(Nach C. Suetonius Tranquillus, de vita Caesarum).

| | | | |
|---|---|---|---|
| cubiculum | *Schlafgemach* | Dīvus Iūlius | *der unter die Götter* |
| decūriō | *Ratsherr* | | *versetzte Cäsar* |
| mūnicipium | *Freistadt* | rōstra ōrum | *Rednerbühne* |
| colōnia | *Siedlungsstadt* | umerus -ī *m* | *Schulter* |
| ōrdō (-inis) | *Ritterstand* | tunicātus | *nur im Unter-* |
| equester | | | *gewande* |
| vestibulum | *Vorhalle* | nūdus a um | *nackt, bloß* |
| postrīdiē *adv.* | *Tags darauf* | Mausōlēum | *Grabmal des Mauso-* |
| rīpa | *Ufer* | | *los von Halicarnaß,* |
| basilica | *gr. „Königshalle",* | | *Mausoleum* |
| | *Hallenbau* | | |

## 28 C  Grammatik (Formenlehre)

Wie auf -ascere, -escere, -iscere sogenannte *Incohativa* gebildet werden (vgl. 18 C 2), die den Beginn einer Handlung ausdrücken, so gibt es noch einige andere Gruppen von Verben mit längeren Suffixen, die z. T. in den modernen Sprachen fortleben:

1. auf -icāre, -igāre: claudicāre lahmen (claudus lahm), commūnicāre gemeinsam machen, mitteilen (commūnis e gemeinsam); fabricāre verfertigen (faber fabrī Schmied, Handwerker, Pionier); iūrgāre rechten, streiten (aus iūrigāre); mītigāre mildern; nāvigāre mit dem Schiff fahren; pūrgāre säubern (pūrus rein);

2. auf -tāre und -itāre, um eine Wiederholung zu bezeichnen (iterātīva), oder den Sinn zu verstärken (intēnsīva): sectārī folgen (sequi); cursāre eifrig laufen (currere); agitare antreiben (agere); captare eifrig greifen, haschen (capere); ostentāre deutlich zeigen (ostendere); cantare oft, gern singen (canere). Dīctāre mehrfach sagen kann sogar nochmals im Suffix verlängert werden zu dīctitāre oft und nachdrücklich sagen.

# Satzlehre    **28 D**
## „quod"

1. Das Relativpronomen quod: Caesar Vesontiōnem, quod est oppidum maximum Sequanōrum, contendit ... nach Besancon, einer Stadt, die die größte der Sequaner ist. Der Begriff „Stadt" steht im Relativsatze! Magna — id quod necesse erat accidere — totius exercitus perturbātiō (Beunruhigung) facta est ... was ja so kommen mußte. Hier die Formulierung id quod bezogen auf den Inhalt eines ganzen Satzes.

2. Dasselbe Relativpronomen in einschränkendem Sinne mit Konjunktiv: Amicus hesterno die, quod sciam (soviel ich weiß = quantum scio), in urbem rediit.

3. Quod als Konjunktion: daß; was das anbetrifft, daß; wenn. Facis fraterne, quod me hortaris, du handelst brüderlich, wenn du mich ermahnst. Feliciter evenit, quod amicus in urbe est. Der quod-Satz führt hier eine schon bekannte Tatsache einfach an, der übergeordnete Satz beurteilt diese Tatsache, er knüpft eine Bemerkung an sie. Sogen. Tatsachen- oder faktisches quod. Opportunissima res accidit, quod Germani frequentes ad Caesarem in castra venerunt. An sich steht nach accidit oder evenit ein ut-Satz (vgl. 21 D 8), aber hier hat das unpersönliche Verbum einen beurteilenden Zusatz: opportunissima res.

Ariovistus Caesari per legatos dixit hoc: Quod fratres in senatu Haeduos appellatos esse dicis, non tam imperitus sum rerum, ut non sciam bello proximo (im letzten) Haeduos vobis auxilium non tulisse. Der Hauptsatz kann auf eine Äußerung eines anderen hinweisen oder antworten, die im quod-Satze zitiert wird. Man ergänze: darauf erwidere ich.

4. Die Konjunktion quod leitet einen Kausalsatz ein, deutsch „weil". Caesar in fines Treverorum (Trier nach den Treveri genannt!) proficiscitur, quod hi neque ad concilia veniebant (sie unterließen es öfter: 1 D b) neque imperio parebant. Themistocles noctu ambulābat (pflegte umherzugehen), quod somnum (somnus Schlaf) capere non posset. Der Konjunktiv, um auszudrücken, daß Th. dies so begründete. Non poterat wäre eine Erklärung des Erzählers. Sogen. quod causale. Weitere Beispiele 29 B.

**29 A₁**        # 29. Stunde

### Ein Gedicht von Gaius Valerius Catullus

Catull, im Jahre 87 v. Chr. in Verona geboren — er starb, ehe er sein 30. Lebensjahr vollendet hatte —, nannte seine Verse hendecasyllabi — Elfsilbler — nach einem von ihm besonders bevorzugten Rhythmus, den er auch in dem folgenden Gedichte anwandte. Darin wechseln je eine betonte und eine unbetonte Silbe, außer nach der zweiten Länge, auf die 2 Kürzen folgen.

—◡—◡◡—◡—◡—◡. Die letzte Silbe kann, wie allgemein üblich, lang oder kurz sein; statt —◡ tritt im Beginn einer Zeile auch ◡— auf oder ——. Somit ergibt sich als Versbild:

$$\underset{\smallsmile}{\overset{\smallsmile}{\phantom{.}}}\!-◡◡—◡—◡—\overset{\smallsmile}{\underset{\smallsmile}{}}.$$

#### An den Schriftsteller Cornelius Nepos.

Quoi dono lepidum novum libellum
Arida modo pumice expolitum?    Lies: pumicexpolitum
Corneli, tibi! namque tu solebas
Meas esse aliquid putare nugas,     „   essaliquid
5   Iam tum cum ausus es unus Italorum   Lies: causus
Omne aevum tribus explicare cartis     „   omnaevum
Doctis, Iupiter, et laboriosis.
Quare habe tibi, quidquid hoc libelli     „   quarhabe
Qualecumque; quod, o patrona virgo,
10   Plus uno maneat perenne saeclo!

Erläuterungen: Catull widmet dem Cornelius Nepos eine Sammlung seiner Gedichte, ein „Bändchen", in seiner Zeit ist es aber eine Rolle, auf Papyrus geschrieben, ein Blatt ans andere geklebt, die Blattränder mit einer Bimssteinmasse geglättet, das Ganze gefällig, leicht zu handhaben, also nicht zu umfangreich; ein libellus = Büchlein (s. S. 87).

Quoi = cui, einsilbig gesprochen. dono: er braucht nicht erst zu überlegen, wem er die Sammlung widmen soll; das wäre donabo oder donem (wem soll ich es schenken?). lepidus niedlich, fein, kommt auch als römischer Zuname vor. novum also Neuerscheinung; natürlich sind einzelne Gedichte der Sammlung schon im Freundeskreise vorgetragen worden, also bekannt. pumex -icis *m* und *f* Bimsstein. āridus trocken, dürr. mŏdŏ soeben, expolīre glätten, abputzen. nūgae Kleinigkeiten, Spielereien. est aliquid es ist etwas daran. carta Blatt, statt Rolle, also in 3 Bänden; dies dreibändige Werk hat sich nicht erhalten. aevum Dauer, Ewigkeit, Menschenalter, hier Weltgeschichte. explicāre, von plicāre falten (vgl. duplex), entfalten, erörtern. habē tibi = nimm es hin! Inhalt und Qualität mögen den Empfänger befriedigen, bescheiden ausgedrückt: was daran sein mag. hoc libelli eigentlich dieses Ding von Buch. Mit patrōna virgō wird die Muse bezeichnet, die dem Büchlein einige Lebenszeit gönnen soll; sie ist den Dichtern sozusagen eine Patronin von Klienten. perennis das ganze Jahr dauernd, beständig. saeculum, meist saeclum gesprochen, Jahrhundert.

### Hund und Dieb. 29 A$_2$
Eine Fabel des Phaedrus nach dem Vorbilde des Äsop.

Der Vers wird als sēnārius bezeichnet: sechs Jamben, mit der Freiheit, die Kürzen zu längen. Gelegentlich kann die Hebung in zwei Kürzen aufgelöst werden (v. 6 domini, 7 subita, 8 facias). Vers 8 beginnt mit zwei Kürzen statt einer, also anapästisch statt iambisch.

Die „Moral" steht in zwei Versen vor der Fabel.

Repente līberālis stultis gratus est,
Verum peritis irritos tendit dolos:
Nocturnus cum fūr pānem misisset cani,
Obiectō temptans an cibō posset capi,
5 Heus, inquit, linguam vis meam praeclūdere,
Ne latrem pro re domini? Multum falleris;
Namque ista subita me iubet benīgnitās Lies: namquista
Vigilāre, facias ne mea culpa lucrum.

Erklärungen: repente plötzlich, unvermutet gehört zu līberalis als Zusatz. tendere dolos ein Bild wie bei einem Netz.

| | | | |
|---|---|---|---|
| līberālis | *edel. freigebig* | praeclūdere, | *verschließen* |
| fūr -is *m* | *Dieʾ* | *Wz.* claud | |
| fūrtum | *Diebstahl, Verun-* | latrāre | *bellen* |
| | *treuung* | fallī (11 C₃) | *sich täuschen* |
| temptāre, *auch* | *auf die Probe stellen,* | subitus (14 C₂) | *plötzlich* |
| tentāre | *prüfen, versuchen* | benīgnitās | *Güte* |
| cibus -ī | *Speise* | -ātis *f* | |
| heus (*einsilbig*) | *heda! holla!* | vigilāre | *wachen* |
| pānis is *m* | *Brot* | vigil -is *m* | *Wächter* |
| lingua | *Zunge, Sprache* | vigilia | *Nachtwache* |
| an | *ob* | lucrum | *Gewinn* |

# 29 B  Übung

Gratulor tibi, quod te summa gratia provinciae prosecuta est. Gratias tibi ago, quod librum mihi reddidisti. Multum Haeduos adiuvabat, quod Liger (die Loire) ex nivibus creverat. Post cladem Cannensem cōnstantiam senatus Romani maximam fuisse ex eo intellegi potest, quod captivos redimere noluit. Quod scribis te velle scire, quis sit rei publicae status: summa dissensio est. Indīgnābantur milites, quod conspectum suum (15 D b) hostes perferre possent (der Konjunktiv — wie im Deutschen — um die Ansicht der Soldaten zu kennzeichnen: weil sie ... könnten). Caesar Haeduos graviter accusat, quod ab iis non sublevētur frumento. Quod senectuti honos habetur, laudo atque gaudeo. Quod (quia) natura mutari non potest, verae amicitiae sempiternae sunt. Magnum beneficium est naturae, quod necesse est mori (Cicero).

De gustibus non est disputandum. Sōlāmen miseris socios habuisse malorum (Spinoza u. a.). Quod erat demonstrandum.

| | | | |
|---|---|---|---|
| nix nivis *f* | *Schnee* | sublevāre | *unterstützen* |
| clādēs -is *f* | *Schaden, Niederlage* | gustus -ūs | *Geschmack, Probe* |
| cōnstantia | *Standhaftigkeit* | disputāre | *bereinigen, erörtern* |
| redimere | *auslösen* | dēmōnstrāre | *zeigen, beweisen* |
| indīgnārī | *empört sein* | sōlāmen -inis *n* | *Trost* |
| sempiternus | *immerwährend, ewig* | cōnsōlārī | *trösten* |

# 29 C  Wortzusammensetzungen I

Es gibt zwar zu den Verben agere, facere, specere (= schauen, altlateinisch), dicere, ferre, gerere keine Wurzelsubstantive der 3. Deklination, wohl aber entsprechende Zusammensetzungen:

Wz. dic- iudex, iudicis, index, vindex Beschützer, Rächer.

„ ag- rēmex, rēmigis Ruderer von rēmus = Riemen.

„ spec- auspex = Vogelschauer von avis, haruspex Opfer, (Eingeweide)schauer.

„ fac- pontifex Priester, nach röm. Anschauung von pōns, pontis *m* Brücke, artifex = Künstler.

„ fer- lūcifer a um Lichtbringer, cornifer = Hörner tragend, crucifer = Kreuz tragend (crux, crucis *f* Kreuz), signifer = Adlerträger; aber Dichter bilden auch Wörter wie salūtifer = heilbringend und vēlifer = Segel tragend von vēlum = Segel.

„ ger- armiger Waffenträger, Schildknappe.

Von diesen Wörtern ist der Weg nicht weit zu viel gebrauchten Weiterbildungen: indicium = Anzeige, iudicium = Gericht, Urteil, auspicium = Vogelschau, Vorzeichen, aedificium = Bauwerk, sacrificium = Opfer, officium = Dienstleistung, Pflicht aus opi-ficium, beneficium = Wohltat (im Mittelalter auch = Lehen), artificium.

Ferner: māgnificus = großartig, maleficus = übel handelnd, gottlos.

Auch agricola und perfuga Überläufer haben kein Simplex.

## Satzlehre  29 D
### Relativer Anschluß

Der Lateiner neigt dazu, nach Abschluß eines Satzes Weiteres anzufügen in Form eines Relativsatzes. So ist das „quod erat demonstrandum" des Mathematikers zu verstehen: „was zu beweisen war".

Wir behandeln solch einen Relativsatz wie einen Hauptsatz, und das ist er auch im Lateinischen schließlich geworden, trotz der relativen Form. So erklären sich relative Formulierungen am Beginn eines neuen Satzes: quā dē causā = *daher,* quam ob rem und quārē = *deshalb,* quōmodo = *auf diese Weise,* quā in rē = *dabei, hierin,* quibus rebus addūctus = *hierdurch veranlaßt, infolgedessen,* quā ex parte = *in dieser Hinsicht.*

Eine weitere Verbindung (coniunctio!) des relativisch angeknüpften Satzes mit dem vorausgehenden ist entbehrlich und so pflegt man denn zu sagen, daß z. B. quōmodo aufzulösen sei in: eō modō autem oder: et hōc modō.

Häufig gebraucht werden die Phrasen: quae cum ita sint = *unter diesen Umständen* und quō factum est, ut ... = *so geschah es, daß* ... (vgl. 30 B).

———

**30 A**        # 30. Stunde

**Aulus Gellius (Mitte des II. Jahrhunderts n. Chr.)** erzählt eine ergötzliche Geschichte von der Schweigsamkeit eines Römerknaben, der im Senate hatte zuhören dürfen. Als Gewährsmann gibt er Cato an.

Mos antea senatoribus fuit in cūriam cum praetextātīs filiis introire. tum, cum in senatu res maior quaepiam consultata eaque in diem posterum prōlāta est, placuit, ut eam rem, de qua tractāvissent, ne quis ēnūntiāret, priusquam decreta esset. Mater Papirii pueri, qui cum parente suo in curia fuerat, percontāta est filium, quidnam in senatū patres egissent. Puer respondit tacendum esse neque id dici licere. Mulier fit audiendi cupidior, sēcrētum rei et silentium pueri animum eius ad inquirendum adducit: quaerit igitur acrius. Tum puer matre urgente lepidi mendāciī consilium capit. Actum in senatu dixit, utrum vidēretur utilius exque re publica esse, unusne ut duas uxores haberet, an ut una apud duos nupta esset. hoc illa ubi audivit, animus compavēscit, domo trepidāns egreditur, ad ceteras mātrōnās perfert.

Venit ad senatum postridie matrum familiās caterva; lacrimantes atque obsecrantēs orant, ut una potius duobus nupta fieret, quam ut uni duae. Senatores ingredientes in curiam, quae illa mulierum postulātiō vellet, mīrābantur. Puer Papirius in medium curiae progressus, quid mater audire īnstitisset, quid ipse matri dixisset, rem sicut fuerat ēnarrat. Senatus fidem atque ingenium pueri laudat, cōnsultum facit, uti posthāc pueri cum patribus in curiam ne introeant, praeter ille unus Papirius; atque puero postea cōgnōmentum honoris causa inditum „Praetextātus" ob tacendi loquendique in aetate praetextae prudentiam.

| | | | |
|---|---|---|---|
| cūria | *Rathaus* | mātrōna | *verheiratete Frau* |
| praetextātus | *mit Knabentoga* | familiās | *alte Form — familiae* |
| quispiam | *irgendeiner* | pater familiās | *Familienvater* |
| prōferre | *vertagen* | caterva | *Schar* |
| ut nē quis | *daß ja keiner* | obsecrāre | *anflehen* |
| perferre | *hinbringen* (18 C) | ingredī (23 C) | *eintreten* |
| ēnūntiāre | *ausplaudern* | postulātiō | *Forderung* |
| (28 A) | | mīrārī | *sich wundern* |
| percontārī | *ausfragen* | mīrus a um | *wunderbar* |
| urgēre | *drängen* | īnstāre īnstitī | *drängen, bestürmen* |
| sēcrētus | *geheim* | ēnarrāre | *genau erzählen* |
| mendācium | *Unwahrheit* | cōnsultum | *Beschluß* |
| mendāx -ācis | *lügenhaft* | posthāc | *künftig* |
| ē rē pūblicā est | *im Staatsinteresse* | cōgnōmen *und* | *Zuname* |
| -ne ... an | *ob ... oder* | cōgnōmentum | |
| compavēscere | *erschrecken* | indere indidī | *einfügen, beilegen* |
| trepidāre | *ängstlich laufen* | tractāre | *behandeln* |

## Übung          30 B

Belgae proximi sunt Germanis, qui trans Rhenum incolunt (Relativsatz für das adjektivische „rechtsrheinisch"), quibuscum continenter bellum gerunt. qua de causa Helvetii quoque reliquos Gallos virtute praecedunt, quod fere cotidianis proeliis cum Germanis contendunt. (Aus Cäsars bellum Gallicum).

Neoclēs Atheniensis Halicarnassiam civem uxorem duxit, ex qua natus est Themistocles. qui cum minus esset probatus parentibus, quod et liberius vivebat et rem familiarem neglegebat, a patre exhērēdātus est. Quae contumēlia non fregit eum. (Aus der vita Themistoclis des Cornelius Nepos).

Nulla hērēditās sine sacris (d. h. die zum Totenkult gehörigen Opfer).

Roma, caput mundi, regit orbis frēna rotundī (Inschrift auf dem Siegel der Goldenen Bulle 1356). Qualis rex, talis grex.

Nitimur in vetitum semper cupimusque negata (Ovid).

Concordiā parvae res crescunt, discordiā maximae dīlābuntur (Sallust).

Wir wissen nicht, welcher Lehrer einer Klosterschule den folgenden Vers gedichtet haben mag: sunt pueri pueri, pueri puerīlia tractant, jedenfalls stimmt er noch heute.

Etwa aus dem XVII. Jahrhundert stammt der Scherzvers eines Wittenberger Professors über redselige Frauen:

Quando conveniunt ancilla, Sibylla, Camilla
garrīre incipiunt et ab hoc et ab hac et ab illa.

Schon Ovid ahmte in einem Verse seiner Metamorphosen (Verwandlungen) das Quaken der Frösche nach; Lykische Bauern sind in Frösche verwandelt worden, weil sie die Göttin Latona gehindert hatten, aus einem Teich ihren Durst zu löschen: Quamvīs sint sub aquā, sub aquā maledīcere temptant.

| | | | | |
|---|---|---|---|---|
| continenter | *andauernd* | grex gregis *m* | *Herde, Haufe* |
| terra continēns | *Festland* | ēgregius | *aus der Masse her-* |
| praecēdere | *übertreffen* | | *vorragend* |
| exhērēdāre | *enterben* | dīlābī (22 C) | *zerfallen* |
| hērēs hērēdis *m* | *Erbe* | garrīre | *schwatzen, plappern* |
| hērēditās -tis *f* | *Erbschaft* | quamvīs *mit* | *obwohl, wenn auch* |
| frēnum | *Zügel* | Konj. | *noch so sehr* |
| contumēlia | *Beschimpfung,* | maledīcere *mit* | *schmähen,* |
| | *Schmach* | Dat. | |
| rotundus | *rund* | puerīlis | *kindlich, jungenhaft* |

## 30 C  Grammatik (Formenlehre)

### Wortzusammensetzungen II

Neue Wörter können auch entstehen, wenn Verben mit einem Nomen oder Adverb zusammengesetzt werden. Leicht zu durchschauen sind satisfacere = genugtun und benedicere = lobpreisen, segnen; animadvertere = bemerken aus animum advertere = den Sinn darauf richten erinnert daran, daß die Römischen Dichter die Endungen -am, -em, -um vor Vokalen vernachlässigen oder mit dem folgenden Vokal zusammen- zogen (vgl. 8 B orandumst), die Umgangssprache tat das auch; das Bild der Schriftsprache macht uns das Verständnis be- quemer. Auch vēndere aus vēnum (= zum Verkaufe) und dare und vēnīre (20 C) gehören hierher. Weitere Beispiele sind: manūmittere = die Freiheit geben, eigentlich aus seiner Verfügungsgewalt (germ. „munt") entlassen, ūsurpāre aus ūsū rapere = beanspruchen, crucifigere aus cruce figere ans Kreuz heften (9 C 4), -crux crucis *f* Kreuz, mandāre = an die Hand geben, anvertrauen, beauftragen (der Rechtsanwalt spricht von seinen Mandanten), dēgenerāre = aus der Art schlagen, entarten, wozu erst später das Adjektiv dēgener (15 C 3) rückgebildet ist, aggregāre = zur Herde gesellen (grex 30 B), anschließen (vgl. Aggregat), profundus (auf der Erde 23 A) tief, dērivāre = ableiten von rivus Bach (rivālis der am selben Bach Anteil hat: Nebenbuhler).

Eine besondere Stellung nehmen ein die Adverbien scīlicet = selbstverständlich aus scire und vidēlicet = offenbar, augenscheinlich aus vidēre licet.

## Satzlehre    **30 D**
### Konzessivsätze

Außer mit den Konjunktionen cum in der Bedeutung *obgleich, während doch* (23 D 7) und ut, verneint nē, *gesetzt, daß* kann ein Zugeständnis oder eine Einräumung noch mit anderen Konjunktionen eingeleitet werden:

Romani quamquam itinere et proelio fessi erant, tamen hostibus obviam ierunt. Quod turpe est, id quamvis occultētur, tamen honestum fieri nullo modo potest. Etsi mons iter impediebat, Caesar tamen ad fines Arvernorum pervenit. Licet omnia impendeant pericula, tamen ei succuram. Quod homines crēbrō vident, non mirantur, etiamsī, cur fiat, nesciunt.

Oft liegt ein Gegensatz vor: zwar ... aber; deshalb bezeichnen manche diese Sätze auch als Adversativsätze.

Quamquam, etsi obgleich, obwohl; quamvis wenn auch, wenn auch noch so sehr; etiamsī auch wenn; licet angenommen daß, es mag sein daß, mag auch.

Vokabeln: fessus *erschöpft*, occultāre *verbergen*, occultus *verborgen, geheim*, impedīre *hindern*, succurrere *zu Hilfe eilen*, crēbrō *adv. häufig*.

# Schlüssel zu den Übungen

Abkürzungen siehe Seite XVI; außerdem werden verwendet: *Fut.* = Futurum; *Konj.* = Konjunktiv; *od.* = oder; *Perf.* = Perfekt; *v.* = von; *wtl.* = wörtlich.

## 1A

Auf der Flucht aus Troja segelte Äneas zuerst nach Makedonien, von dort zur Insel Sizilien, von Sizilien nach Italien. Den Trojanern war außer Waffen und Schiffen nichts geblieben. Als sie Getreide von den Äckern der Einwohner raubten, ist Latinus, der Herr des Gebietes, mit Bewaffneten herangekommen, um die Fremden zu vertreiben; vor dem Kampf hat er Äneas zu einer Unterredung aufgefordert; er hat gefragt, wer er wäre, von wo die Männer ausgewandert wären, was sie wünschten.

## 1B

cūrīs *den Sorgen, durch die Sorgen* (Nomen); cūrāre *sorgen* (Verb); cūrāret *er sorgte* (*Konj.*; Verb); cūrārent *sie sorgten* (*Konj.*; Verb); cūrae *der Sorge, die Sorgen* (Nomen). – arma *Waffen;* armat *er, sie, es bewaffnet;* armant *sie bewaffnen;* armātus *der Bewaffnete;* cum armīs *mit den Waffen;* cum armātīs *mit den Bewaffneten;* cum armāret *als er bewaffnete;* cum armāvissent *als sie bewaffnet hatten;* armōrum *der Waffen;* armātōrum *der Bewaffneten.* – cum: Präposition (mit *abl.*) *mit;* Konjunktionen (mit *Konj.*) *als, da.* – Im Jahre des Herrn. Äneas segelt. Die Trojaner segelten. Äneas hat die Freunde gerufen. Die Einwohner bebauen die Äcker. Was hat Latinus gefragt? Sie nähern sich der Insel mit den Schiffen. Der Herr des Gebietes vertreibt die Fremden. Sie raubten Getreide von den Äckern.

## 2A

Äneas sagte auf die Frage: „Ich bin der Herr der Trojaner, als Flüchtlinge aus einer abgebrannten Vaterstadt suchen wir einen zum Bewohnen geeigneten Ort." Latinus hat die vom Krieg gezeichneten Männer bewundert und durch Handschlag Freundschaft mit den Ankömmlingen geschlossen (*wtl.* durch die gegebene Rechte die Freundschaft befestigt). Er hat Äneas seine Tochter Lavinia zur Frau gegeben. Aus der neuen Ehe hat es einen Sohn gegeben, der Ascanius genannt worden ist. Die neue Stadt hat Äneas nach Lavinia Lavinium genannt.

## 2B

1. verbrannt, gefragt, bewaffnet, genannt, gegeben, geschaut, gesorgt, geraubt, geschlagen.

2. Ich, der ich Herr der Trojaner bin. Sie bewohnen einen geeigneten Ort. Aus Troja flüchtig, ist er nach Italien gewandert. Die Griechen haben die Stadt Troja niedergebrannt. Das (*wtl.* dieser) ist der geeignete Ort. Ich bin im Vaterland. Sie wandern nach Italien. Wir sind in Italien.

## 3A

Dann mußten Äneas und Latinus mit Turnus, dem Herrn der Rutuler, kämpfen. Denn Lavinia war zu der Zeit, als Äneas angekommen ist, mit Turnus verlobt gewesen. Kein Volk ist über diesen Kampf froh gewesen: Die Rutuler sind besiegt worden, Latinus ist getötet worden. Dem besiegten Turnus ist Mezentius, der Herr der Etrusker, zu Hilfe gekommen, der schon von Anfang an, keineswegs erfreut über die neue Stadt, fürchtete, daß die Truppen der Ansiedler zu sehr verstärkt würden.

## 3B

Wir helfen den Freunden. Ihr müßt nach Sizilien segeln. Er brennt die Stadt nieder; die Stadt wird niedergebrannt. Sie vergrößern den Ruhm des Vaterlandes; der Ruhm des Vaterlandes wird größer. Die Freunde werden froh sein. Es war verabredet, daß er ihm seine Tochter zur Frau geben würde. Mit den Ankömmlingen ist Freundschaft geschlossen worden. Über dieses Geschenk bin ich nicht erfreut. Mit den Freunden werden wir die Gefahr überwinden. – Um Kleinigkeiten kümmert sich der Prätor nicht. Bete und arbeite! Irren ist menschlich. Vortreffliche Dinge sind selten.

## 4A

Äneas hat gegen die große Kriegsgefahr (*wtl.* Gefahr eines so großen Krieges) beide Völker Latiner genannt, um die (Seelen der) Latiner, die ihres Herrn beraubt worden waren, für sich zu gewinnen. Im Vertrauen auf diese Gesinnung (*plur.*) hat er es gewagt, gegen die Etrusker, die ganz Italien mit Ruhm erfüllt hatten, obwohl er den Krieg von den Stadtmauern abwehren konnte, eine entscheidende Schlacht zu schlagen. Diese für die Latiner glückliche Schlacht ist Äneas' letzte gewesen.

## 4B

Der Krieg ist so groß gewesen wie niemals zuvor. Er kann die Gegner vertreiben. Die große Gefahr fürchtete er nicht. Mit großem Mut haben sie gegen die Etrusker gekämpft. Die Römer haben die Welt mit Ruhm erfüllt. Vater, ich habe gesündigt. – Gefahr (liegt) im Verzug. Niemand ist verpflichtet, mehr (zu tun), als er kann (*wtl.* über das Können hinaus). – Innerhalb und außerhalb der trojanischen Mauern wird gesündigt.

## 5A

Noch war Ascanius, Äneas' Sohn, nicht reif für die Herrschaft; dennoch verblieb dem Knaben nach dem Tod des Vaters unter dem Schutz seiner Mutter Lavinia das Reich seines Großvaters und Vaters, weder Mezentius und die Etrusker noch irgendwelche anderen Nachbarn wagten es, die Waffen zu ergreifen. Viele Jahre später, als das Königreich schon gefestigt war, hat Amulius seinen Bruder Numitor, dem das Reich vom

Vater vermacht worden war, vertrieben, hat dessen männliche Nachkommenschaft getötet, hat die Tochter Rea Silvia zur Vestalin ausge-
wählt: denn jene Priesterinnen mußten unverheiratet sein.

## 5B

Sie stehen in hohem Ansehen. Vor dem Tod des Vaters und der Mutter.
Das Reich des Vaters = das väterliche Reich. Das römische Reich. Viele
Gefahren umgeben ihn. Dieser Sieg hat die Punier viel Blut und Wunden
(*abl.)* gekostet. Nichts, an welchem Platz es (auch) steht, wird immer
bestehen.

## 6A

Aber Gott Mars hat, wie die Sage geht, mit ihr Zwillinge gezeugt. Die
Priesterin ist von dem erzürnten König festgenommen worden, den
Dienern ist befohlen worden, daß sie die Knaben in den Tiber (*wtl.* in das
Wasser des Flusses Tiber) werfen sollten. Dieser trat damals zufällig
über (die Ufer). Daher hat die Wanne, in der die Knaben ausgesetzt
worden waren, durch das zurückflutende Wasser im Trocknen gestan-
den, und eine Wölfin hat die weinenden Kinder (*dat.*) gesäugt; dann sind
sie von Faustulus, dem königlichen Oberhirten (*wtl.* Aufseher der königlichen Herden), gerettet und seiner Frau zum Aufziehen übergeben
worden.

## 6B

O Zeiten, o Sitten! Er war aus königlichem Geschlecht geboren. Viele
Geschlechter sind des Todes. Er war fußkrank. Zornentbrannt hat
König Amulius Numitors Tochter festgenommen. Äneas hat seinem
Sohn den Namen Ascanius gegeben.
Wir können alle nicht alles. Durch mich herrschen die Könige. – Die
Tapferen werden erschaffen von Starken und Guten. – Das Leben hat
den Sterblichen nichts ohne große Mühsal gegeben. – Man sagt (*wtl.* sie
sagen), es muß viel, nicht vieles gelesen werden. – Solange du glücklich
bist (*Fut.*), wirst du viele Freunde haben, wenn die Zeiten unglücklich
gewesen sind, wirst du allein sein. – Glücklich (sind) die Besitzenden.

## 7A

Allmählich (waren) die Zwillingsbrüder Romulus und Remus erwach-
sen und an Körper und Geist erstarkt, (und) sie jagten nicht nur Wild,
sondern griffen auch die mit Beute beladenen Räuber an und trieben mit
gleichaltrigen ernsthafte Dinge und Scherze. Als sie einst einem solchen
Spiel hingegeben waren, haben ihnen Räuber aus Zorn über die verlore-
ne Beute aufgelauert. Romulus ist entkommen, Remus haben sie gefan-
gengenommen und König Amulius ausgeliefert.

## 7B

Alle Meere und Flüsse sind voll von verschiedenen Tieren. Im Ägäischen
Meer sind viele Inseln. Die Kinder müssen erzogen werden. Es ist die
große Freude der Jäger, wilde Tiere zu jagen. Die Räuber waren von
Zorn entflammt. Remus ist dem Hinterhalt der Räuber nicht entkom-

men. Die Räuber sind gefaßt worden. Viele Dinge werden von den Dichtern erwähnt. Faule Kinder sollen nicht gelobt werden. Athen (*plur.*) ist die Vaterstadt tapferer und kühner Männer gewesen. Ich besinge die Waffen(taten) und den Mann, der als erster auf der Flucht von den Gestaden Trojas dem Götterspruch gemäß nach Italien und an Laviniums Küsten kam, nachdem er viel durch Länder und Meer geirrt war, nach dem Willen der Götter wegen des noch immer währenden Zornes der grimmigen Juno.

**8A**

Sie beschuldigten die Brüder, daß sie hauptsächlich Numitors Felder verwüstet und dann die Beute in feindlicher Weise weggetrieben hätten. Daher ist Remus Numitor zur Bestrafung übergeben worden; als er gefangengehalten wurde, hat Numitor, weil er seinen (= Remus') nicht im mindesten sklavischen Charakter bewundert hatte, durch Fragen die Überzeugung gewonnen, daß die Zwillingsbrüder seiner Tochter Söhne wären, was der Hirt Faustulus von Anfang an vermutet hatte.

**8B**

Viele Städte sind an Flußufern erbaut worden. Viele Entstehungsgeschichten der Städte sind unsicher. Die Stadt Rom ist die Hauptstadt Italiens gewesen. In der Kapitolinischen Burg sind die Tempel aller Götter gewesen. Das Forum Romanum (Marktplatz) war mit den Schiffsschnäbeln der eroberten Schiffe geschmückt. Im Sommer wird der Himmel oft von schwarzen Wolken verdunkelt. Es muß (aus)gesprochen werden, daß ein gesunder Geist in einem gesunden Körper lebt. – Gott ist in uns, durch Tätigkeit werden wir von ihm erwärmt. – Für die Besiegten ist es das einzige Heil, auf kein Glück zu hoffen. – Das Wohl des Volkes ist das oberste Gesetz. – Eile mit Weile! Teile und herrsche! – Gibt Galenus Reichtum, gibt Justinian Ehren(ämter). – Der Tod ist gewiß, die Stunde ungewiß.

**9A**

Dann haben Numitor und seine Enkel beschlossen, Amulius der Königsherrschaft (*abl.*) zu berauben: Zu einer bestimmten Zeit sind die Hirten mit Romulus zur Königsburg geeilt, die einen auf diesem, die anderen auf jenem Wege, damit der König nichts (*wtl.* damit nicht etwas) argwöhnen würde; andere sind mit Remus herbeigeeilt, um jenen zu helfen. Sie haben den ahnungslosen König niedergemacht; denn Numitor hatte – unter dem Vorwand (*wtl.* heuchelnd), es seien Feinde in die Stadt eingedrungen – eine junge Mannschaft in die Albanerburg abberufen, damit sie von der Besatzung und mit Waffen besetzt gehalten würde.

**9B**

Man sagt, Homer sei blind gewesen. Es steht fest, daß Hannibal die Römer oft besiegt hat. Es steht fest, daß die Römer oft von Hannibal besiegt worden sind. Ein Gesetz soll kurz sein. Der König hat gesehen, daß die Stadt vergeblich belagert wurde. Der Feldherr hat sich gewun-

dert, daß die Feinde leicht besiegt werden konnten. Ich hoffe, daß unsere Gesandten viel erreichen werden.
Sie wechseln den Himmel(sstrich), nicht den Geist, die über das Meer fahren. Die Zeiten ändern sich, und wir ändern uns in ihnen. Natürliche Dinge sind nicht häßlich. Legt die Abschriften (aus dem Griechischen) bei Tag und Nacht nicht aus der Hand. Überstandene Mühen sind erfreulich.

## 10A

Als die jungen Männer nach der Ermordung des Königs erschienen und Glück wünschten, hat Numitor sofort nach Einberufung einer Versammlung das Verbrechen des Bruders (und) die Herkunft der Enkel offenbar gemacht, wie sie erzeugt, wie sie erkannt worden waren. Die jungen Männer haben den Großvater als König begrüßt, die Menge hat es mit lautem Beifall(sgeschrei) gebilligt.
Nachdem Numitor in die Königsherrschaft der Albaner wiedereingesetzt worden war (*wtl.* ist), haben Romulus und Remus den Entschluß gefaßt, an dem Ort, wo sie ausgesetzt und aufgezogen worden waren, eine neue Stadt zu gründen.

## 10B

Du hast unseren Bruder gesehen. Wir werden unsere Brüder immer behüten. Der Freund ist mit seinem Bruder herbeigeeilt (*auch:* eilt ... herbei). Ich habe sowohl den Freund als auch seinen Bruder begrüßt.

All meine Habe trage ich bei mir. Wenn es auch anderen erlaubt ist, dir ist es nicht erlaubt. Die Kunst ist lang, das Leben kurz. Der gute Mensch ist immer ein Anfänger.

## 11A

Die Brüder stritten aber (darüber), wer (*wtl.* wer von beiden) der neuen Stadt den Namen geben, die gegründete (Stadt) regieren würde. Schließlich hat man beschlossen (*wtl.* hat es gefallen), Auspizien abzuhalten ( = Wahrzeichen zu deuten). Zuerst hat sich das Wahrzeichen für Remus gezeigt, sechs Geier. Kaum war das Wahrzeichen verkündet, als sich für Romulus die doppelte Anzahl gezeigt hat. Daher hat das eigene Gefolge (*wtl.* seine Volksmenge) jeden von beiden als König begrüßt; denn die einen behaupteten, daß die Sache durch die Zeit entschieden würde, die anderen, durch die Zahl der Vögel. Als die von Zorn Entflammten vom Wortstreit zum Blutbad fortgerissen worden waren, ist Remus, in dem Getümmel getroffen, gefallen.

## 11B

Das römische Volk wählte die Beamten. Der Senat bestand aus Beamten, denn wer Quästor gewesen war, ist in den Senat gewählt worden. Mit frohem Gesicht hat der Konsul dem Senat von dem guten Erfolg der römischen Legionen berichtet. Der Feldherr hatte das Fußvolk in der mittleren Schlachtlinie, die Reiterei an den Flügeln aufgestellt. Dem Fußvolk ist das Signal zum Angriff gegeben worden. Der Ausgang des

Kampfes war lange zweifelhaft. Mein Vater hat mir eigenhändig einen Brief geschrieben. Der Feldherr ist im Wagen stehend als Triumphator eingezogen.
Der Erfolg ist der Lehrer der Dummen. Ich habe mich vergeblich bemüht (*wtl.* Öl und Mühe verloren). Eine Hand wäscht die andere (*wtl.* die Hand).
Der Ausgang (= Erfolg) prüft (= beurteilt) die Taten. Und niemand soll vor (seinem) Tod und Leichenbegängnis glücklich genannt werden.
– Sie kommen, um zu schauen, sie kommen, damit sie selbst gesehen werden.

## 12A
Bekannter ist die Sage, daß Remus über die neuen Mauern gesprungen sei, um den Bruder zu verhöhnen. Darauf sei er von dem erzürnten Bruder erschlagen worden; der soll auch ausgerufen (*wtl.* mit Worten scheltend hinzugefügt) haben: „Das gleiche soll jedem geschehen, der über meine Mauern springt!" So hat sich Romulus allein der Herrschaft bemächtigt, die gegründete Stadt ist nach dem Namen des Gründers benannt worden. Seit der Gründung der Stadt werden die Jahre der Stadt gezählt; jenes Jahr ist das erste seit Gründung der Stadt (und) das 753. vor Christi Geburt gewesen.

## 12B
Die Lakedämonier (= Spartaner) waren von heftiger Ruhmbegierde entflammt. Wie werden wir das Vaterland verteidigen? Wir fürchten uns niemals vor der Gefahr (*od.* wir haben uns niemals vor der Gefahr gefürchtet). Der Triumphzug ist zum Kapitol hinaufgezogen (*od.* zieht ... hinauf). Scipio hat das punische Heer bei Zama vernichtend geschlagen (*fundere et fugare*) und die Karthager völlig besiegt. Die Stiere verteidigen sich mit Hörnern, die Eber mit Hauern. Die Diebe sind gefangen und getötet worden.
Ein einziger Mann hat den Staat gerettet, während wir zauderten. – Die Natur macht keinen Sprung. – Es ist Sache des Vaterlandes, während wir zu spielen scheinen. – Hier ist Rhodos, hier tanze! – Auch der andere Teil (= die andere Seite, Partei) soll gehört werden!

## 13A
Als Romulus eingesehen hatte, daß er die Menge der Bürger nur durch Gesetze in ein Volksganzes (*wtl.* in den Körper eines einzigen Volkes) verschmelzen konnte, hat er Recht und Gesetz (*plur.*) gegeben. Um aber selbst durch verehrungswürdige Zeichen die Herrschaft zu haben, hat er nach der Anzahl der Vögel, die (seine) Königsherrschaft durch das Vorzeichen prophezeit hatten, zwölf Liktoren zu Hilfe genommen. Die Liktoren aber wurden Amtsdiener genannt, die den König mit Rutenbündeln (*wtl.* Rutenbündel Tragende) begleiteten, die im Wege stehende Menschenmenge beiseite drängten, an den Verurteilten die Todesstrafe vollzogen.

## 13B

Bei den Römern hat es sieben Könige gegeben. Durch die Tapferkeit **eines** Mannes sind die Römer in drei großen Schlachten besiegt worden, des Karthagers Hannibal. Cicero ist in seinem 43. Lebensjahr zum Konsul gewählt worden; er war im 106. Jahr vor Christi Geburt geboren worden. Bei den Thermopylen haben 300 Spartaner und ungefähr 6000 andere Griechen (*gen.*) die Freiheit des Vaterlandes verteidigt; die Spartaner sind alle ohne Ausnahme niedergemetztelt worden. Marius hat gesagt, er habe bei dem Waffenlärm die Worte des bürgerlichen Rechts nicht deutlich hören können.

(Aller) Anfang (kommt) von Jupiter her! Was Jupiter erlaubt ist, ist dem Ochsen nicht erlaubt. Auf die Worte des Meisters schwören. Wir essen, um zu leben, wir leben nicht, um zu essen. Ich bin ein römischer Bürger (= Römer).

Es gibt Widder, Stier, Zwillinge, Krebs, Löwe, Jungfrau und Waage, Skorpion, Schütze, Steinbock, Wassermann (*wtl.* Krug), Fische. – Mögen andere Kriege führen, du, glückliches Österreich, heirate!

## 14A

Inzwischen wuchs die Stadt, da bald diese, bald jene Plätze in der Hoffnung auf eine künftige Menschenmenge befestigt wurden. Damit die große Stadt nicht menschenleer bliebe (*wtl.* die Größe der Stadt nicht vergeblich wäre), hat Romulus daher eine Freistätte eröffnet, zu der alle Leute (turba = *sing.*) aus den benachbarten Völkern fliehen konnten, ohne Unterschied, ob sie Freie oder Sklaven waren. Dann hat er einen Rat (= Senat) aus hundert Senatoren vorbereitet, weil diese Anzahl ausreichte oder weil es nur hundert gab, die als Patres (= Senatoren) – mit diesem Namen wurden sie genannt – gewählt werden konnten; der Ehre wegen sind sie aber Patres („Väter") und ihre Kinder Patrizier genannt worden.

## 14B

Odysseus hat Gefahren immer vorsichtig gemieden. Die lieblich singenden Sirenen bereiteten den Schiffern den Untergang. Viele Schiffer näherten sich unvorsichtig ihrer Insel. Dort wurden sie von den Sirenen grausam getötet. Die Legionen haben mutig und standhaft gekämpft. Niemals fürchteten sie feige die Gefahr. Camillus hat unzweifelhaft das Vaterland gerettet. Ich habe gern getan, was du gewünscht hast. – Verleumde (nur) frech, irgend etwas bleibt immer hängen. In Gegenwart des Arztes schadet nichts.

## 15A

Schon war der römische Staat soweit stark, daß er allen benachbarten Staaten (*wtl.* jedem beliebigen der benachbarten Staaten) gleich war, aber weil Frauen fehlten, gab es zu Hause keine Hoffnung auf Nachkommenschaft. Dann hat Romulus auf den Rat des Senats (*wtl.* der Väter) Gesandte zu den benachbarten Staaten geschickt, die eine Verbindung und Vermählung mit dem neuen Volk durch diese Worte erbitten sollten: „Es ist ganz gewiß, daß die Götter bei dem römischen

Ursprung mitgewirkt haben; uns selbst wird die Tüchtigkeit nicht fehlen; deshalb weigert euch nicht, die Menschen mit den Menschen, das Blut und das Geschlecht zu vereinigen!"

## 15B

Die Soldaten sind plötzlich von vielen Feinden überfallen worden. Ich habe nicht verstanden, was du gesagt hast (*Konj. Perf.*). Im römischen Recht besteht ein Unterschied zwischen Vertrag und Vergehen. Verehrt die Götter! Spendet freigebig für die Armen! Weiße Pferde hatten Camillus als Triumphator (*wtl.* den triumphierenden C.) zum Kapitol gefahren. Jetzt hast du schon den Freund zu deiner Ansicht verleitet. Die Beute ist von den Feldern fortgeschleppt worden. Er hat alle bewaffneten Bundesgenossen in der Ebene aufgestellt. – Jeden reißt sein Vergnügen hin.

## 16A

Nirgends ist die Gesandtschaft freundlich angehört worden; entweder verachteten die benachbarten Völker die aus lauter Gesindel zufällig gemischten Menschen, oder sie fürchteten eine ihnen und ihren Nachkommen in ihrer Mitte erwachsende Last. Die meisten haben die Gesandten mit der Frage entlassen, ob sie auch den Frauen eine Freistätte eröffnet hätten; denn das würde schließlich gleich einer Ehe für jene sein. Das ertrug Romulus mit den Seinen kaum, aber da er einsah, daß er nur durch Stärke und List sein Vorhaben erreichen konnte, verbarg er klug seinen Kummer im Herzen.

## 16B

Ich stehe bei Cäsar in hohem Ansehen; er fragt mich oft um Rat. – Du schreibst, du würdest von Cäsar um Rat gefragt; aber ich sähe es lieber, wenn von ihm für dich Rat geschaffen würde. – Entschlossen in der Sache, liebenswürdig in der Form. – Von den Toten nur gut (sprechen). Mantua brachte mich hervor, Kalabrien raubte mich, jetzt hat mich Neapel; ich besang Weideland, Felder, Führer.

## 17A

Wenig später hat Romulus die alljährlichen Spiele für Neptun vorbereitet, und er wollte, daß sie mit soviel Pracht, wie damals möglich war, gefeiert werden, damit die Angelegenheit glänzend und willkommen gemacht würde. Als alles vorbereitet war, hat er befohlen, daß das Schauspiel den Nachbarn bekanntgemacht werde. Viele sind zusammengekommen, vor allem veranlaßt durch das Bestreben, die neue Stadt zu sehen, unter ihnen war eine ganze Menge (der) Sabiner mit Kindern und Ehefrauen.

## 17B

Als Manius Curius König Pyrrhus aus Italien vertrieben hatte, hat er überhaupt nichts von der prächtigen Beute angerührt, die das Heer und die Stadt bereichert hatte. Nachdem auch vom Senat dem Volk je sieben

Joch Ackerland bewilligt worden waren, ihm aber fünfzig, hat er das
Maß der allgemeinen Zuteilung nicht überschritten. Denn er hielt einen
Bürger, der mit dem nicht zufrieden war, was ihm von den Resten
zugeteilt wurde, des Staates nicht für hinreichend würdig. Der Senat war
der Hafen und die Zuflucht der Völker.


## 18A

Als die gastfreundlich in die Häuser Eingeladenen die Lage und die
Stadtmauern und die mit Häusern dicht besetzte Stadt sahen, wunderten
sie sich, daß Rom (*wtl.* der römische Staat) in kurzer Zeit so groß
geworden war. Sobald die Zeit des Schauspiels gekommen war und
diesem die Sinne zugleich mit den Augen hingegeben waren (*wtl.* worden
sind), ist die römische Jugend auf ein plötzlich gegebenes Zeichen ausge-
schwärmt (*wtl.* auseinandergelaufen), um die Jungfrauen zu rauben, und
hat einen großen Teil von ihnen geraubt; einige, die durch (ihre) Schön-
heit hervorstachen, sind für die Vornehmsten des Senats bestimmt worden; Männer aus dem Bürgerstand, denen diese Aufgabe übertragen
worden war, brachten sie (*eas = virgines*) zu den Häusern jener (*illorum
= primorum*).


## 18B

Marius war schon als Knabe so ruhmbegierig, daß er überzeugt war,
dereinst der höchsten Ehre würdig zu sein. König Attalus hat bald
darauf bewirkt, daß er für das Königtum nicht als unwürdig angesehen
wurde. Metellus hat die Bürger (dazu) überredet, daß sie ihn als Konsul
wählten. Seid einträchtig, damit ihr das Vaterland leichter schützen
könnt! Er hat es bei Pompejus nicht durchsetzen können, daß er ihm
gegen die Feinde beistände. Die Gesandten aus beinahe ganz Gallien
(*gen.*) sind zu Cäsar gekommen, um (ihm) Glück zu wünschen. Die
gallische Bürgerschaft hat Gesandte geschickt, um Hilfe zu erbitten.
Den Armen gibt eine Wohltat doppelt, wer schnell gibt. Die Konsuln
sollen darauf achten, daß der Staat keinen Schaden nimmt.


## 19A

Traurig sind die Eltern der Jungfrauen geflohen, klagten die Treulosig-
keit der Gastgeber („Gastfreunde") an und riefen den Gott um Hilfe an,
zu dessen Festspielen sie gekommen waren. Und weder war die Hoffnung der geraubten Jungfrauen für sich größer noch (ihre) Empörung
geringer. Aber Romulus ging selbst umher und berichtete, daß dies
wegen des Stolzes ihrer Eltern getan worden sei, die eine Ehe(schlie-
ßung) abgelehnt hätten.


## 19B

Kaiser Augustus hat sich bemüht, das römische Volk an die Tugend der
Vorfahren zu gewöhnen, als nach vielen Bürgerkriegen die Waffen
ruhten. Er hat befohlen, daß die heranwachsenden Knaben (*wtl.* wenn
sie heranwüchsen), die harte Mühe des Kriegsdienstes ertragen, (und) er

hat gewünscht, daß die herangewachsenen Mädchen (*wtl.* wenn sie herangewachsen wären) gute Mütter werden. Von neuem blühten die Künste, der Reichtum wuchs.

Erkenne dich selbst! Verzeiht den Feinden! Aufgeschoben ist nicht aufgehoben (*wtl.* was aufgeschoben wird, wird nicht weggenommen).

Ertrage und halte aus! Du hast viel Schwereres ertragen. – Dem wachsenden Vermögen folgt die Sorge. – Wenn es die Natur verweigert, macht der Unwille den Vers. – Es war eine so anstrengende Sache, das römische Volk zu gründen.

## 20A

„Zweifelt nicht", sagte er, „daß ihr künftig in der Ehe in Gemeinschaft mit allen Glücksgütern und Kindern seid; denn nichts ist dem menschlichen Geschlecht teurer als Kinder. Deshalb besänftigt (euren) Zorn (*plur.* = die Ausbrüche von Zorn) und gebt denjenigen (eure) Seelen, denen das Geschick eure Körper gegeben hat! Oft ist aus Unrecht später Freude entstanden, und ihr werdet um vieles bessere Männer haben, weil jeder sich nach seinen Kräften (*pro se quisque*) bemühen wird, die Sehnsucht nach euren Eltern und außerdem nach eurem Vaterland zu stillen." Hinzu kamen Schmeicheleien der Männer zur Rechtfertigung aus Leidenschaft und Liebe, und diese Bitten sind sehr wirksam in bezug auf das weibliche Naturell.

## 20B

Er will lieber der Vornehmste sein als scheinen. Das ist schließlich das wahre Glück, des Glückes (*abl.*) würdig zu sein. Der Tod scheint vielen ein Übel zu sein. Das gleiche wollen und das gleiche nicht wollen, das macht schließlich die feste Freundschaft aus. – Tu das nicht! Zweifle nicht daran, daß es wahr ist, was ich gesagt habe.

Wie, mein lieber Maecenas, kommt es, daß niemand zufrieden lebt mit dem Los, das ihm Glück oder Zufall gewährte, und jeder lobet nur jene, die eifrig da suchen, was anders und fremd ist?

Nicht mir versagte den Stoff die in Kriegen erfahrene Roma; heilig die Arbeit deshalb: schildern des Vaterlands Glanz.

Glücklich (ist), wer die Ursachen der Dinge erkennen konnte. – Töricht bist du, der du verlangst, Taten durch Worte ungetan zu machen.

## 21A

Schon waren die Geraubten (*wtl.* die Seelen der Geraubten) völlig beschwichtigt worden; aber ihre Eltern regten durch schmutzige Kleidung, Tränen und Klagen die benachbarten Bürgerschaften auf. Aber ihnen, die allein das römische Gebiet angegriffen hatten, trat Romulus mit dem Heer entgegen und besiegte alle völlig und verfolgte die Besiegten. Den Sieger Romulus hat seine Gemahlin Hersilia, bestürmt von den Bitten der Geraubten, gebeten, deren Eltern zu begnadigen und sie in die Bürgerschaft aufzunehmen.

## 21B

Es ist ein sehr großer und sicherer Reichtum (*plur.*), mit seinen Taten zufrieden zu sein. Es darf nicht bezweifelt werden, daß es vor Homer Dichter gegeben hat. Niemand bezweifelt, daß in der Tüchtigkeit Reichtum liegt. Ich habe bisher keinen Tag verstreichen lassen, ohne dir zu schreiben (*literae* = Brief). Die Gallier zweifeln nicht daran, daß die Römer allen Galliern die Freiheit (weg)nehmen werden. Cäsar zweifelte nicht daran, daß die Soldaten ihm in alle Länder folgen würden. Die Liebenden sind verrückt (*wtl.* die wahnsinnigen Liebenden)! Gerechtigkeit soll geschehen, möge (auch) die Welt zugrunde gehen. Im Notwendigen (= in den notwendigen Dingen) Einigkeit, im Zweifel Freiheit, in allem aber Liebe.

## 22A

Dann ist durch die Sabiner der letzte Krieg ausgebrochen, und das ist bei weitem der schwerste (*longe maximum*) gewesen: Denn nichts ist wie früher aus Zorn oder Begierde geschehen, und sie haben sich nicht gezeigt, bevor (*prius quam*) sie den Krieg begonnen haben. Auch ist dem Kriegsplan die Arglist hinzugefügt worden: Denn Titus Tatius, der König der Sabiner, hat die unverheiratete Tochter des Spurius Tarpeius, der die römische Burg kommandiert hatte, mit Gold bestochen, als sie zufällig außerhalb der Mauern Wasser für die Opfer holen ging, Bewaffnete in die Burg einzulassen. Die Eingelassenen haben die Jungfrau überwältigt und (*wtl.* die überwältigte J.) mit Waffen getötet, damit die Burg eher wie durch Waffengewalt eingenommen scheinen sollte.

## 22B

Die Tapferkeit der Soldaten war so groß, daß niemand den Wall verließ. Der Frieden ist den Karthagern unter der Bedingung, alle Schiffe zu übergeben, gewährt worden. Metellus hat Gesandte zu Bocchus geschickt, damit er nicht ohne Grund dem römischen Volk zum Feind würde. Zwar hatten die Sagunter für viele Tage vor den Kämpfen Ruhe gehabt, aber sie hatten weder in der Nacht noch am Tage in der Schanzarbeit nachgelassen. Was wir wünschen, das glauben wir gern. Ich möchte, daß du mir das glaubst. Das Schicksal (*plur.*) führt den Willigen, den Unwilligen zieht es.
Die Dichter wollen entweder nützen oder erfreuen. – Du sollst nicht vor den Übeln weichen, sonern kühn dagegen angehen (*ito* = gehen). – Der Knabe hat vieles ertragen und getan, er hat geschwitzt und gefroren. – Die Hälfte hat getan, wer begonnen hat, wage (es), Verstand zu haben, fange an!

## 23A

Die Sabiner hielten also die Burg besetzt, (und) die Römer brannten vor Zorn und Begier, die Burg zurückzuerobern. Auf beiden Seiten ist nach Beginn der Schlacht erbittert gekämpft worden. Als die römische Schlachtreihe ins Wanken geraten war, rief Romulus, als selbst er von der Menge der Fliehenden zum alten Tor des Palatins gedrängt worden war, während er die Waffen zum Himmel emporhob: „Jupiter, auf

Befehl deiner Vögel (*wtl.* von deinen Vögeln befohlen) habe ich hier auf dem Palatin den Grund zur Stadt gelegt (*wtl.* die ersten Fundamente der Stadt gebaut), nun halten die Sabiner die durch ein Verbrechen gekaufte Burg besetzt; von dort eilen die Bewaffneten hierher. Du aber, Vater der Götter und der Menschen, halte die Feinde wenigstens von hier fern, nimm den Römern den Schrecken (= die Angst) und halte die schändliche Flucht auf! Ich gelobe, dir, Stator Jupiter (*dat.;* Stator = Beiname Jupiters; vgl. 24C), hier einen Tempel (zu bauen), der für die Nachkommen ein Denkmal sein soll."

### 23B

Viele Menschen machen vom Reichtum keinen guten Gebrauch (*wtl.* gebrauchen nicht gut). Cäsar wollte niemals das Blut der Soldaten mißbrauchen.

„Ich flehe dich an, Latous (= Apollo), du mögest mir vergönnen, mit gesundem und starkem (= ungeschwächtem) Geist das Erworbene zu genießen und das Greisenalter nicht häßlich und ohne Zither (*wtl.* die Zither entbehrend) zu verbringen!"

Er wird sich in kurzer Zeit der Stadt bemächtigen. Er hat von Anfang an vorgehabt, die Herrschaft zu gewinnen. Das Wohl des Staates beruht auf guten Bürgern (auf der Eintracht guter Bürger).

Es wäre deine Pflicht gewesen, mein Sohn, den Freunden zu helfen. Auf das, was jener gesagt hat, wäre leicht zu antworten gewesen; ich habe aber geschwiegen. Wenn ihr einen Tag gezögert hättet, hätten alle sterben müssen. Ich liebe Brutus nicht weniger als du, fast hätte ich gesagt, als dich. Wenn zwei dasselbe tun, ist es nicht dasselbe.

Malern und Dichtern stand immer die gleiche Befugnis zu, das zu wagen, was ihnen gefiel (*wtl.* Beliebiges zu wagen). – Denn deine Sache steht auf dem Spiel, weil die Wand als nächste brennt.

Wer schweigt, scheint zuzustimmen.

### 24A

Als er um dies (alles) gebeten hatte, sagte er, als ob (*velut si*) er fühlte, daß seine Bitten erhört worden seien: „Römer, der erhabene Jupiter (= höchster römischer Gott) befiehlt euch, an dieser Stelle Widerstand zu leisten und weiterzukämpfen (*wtl.* den Kampf zu wiederholen)." Die Römer leisteten Widerstand wie auf Befehl einer himmlischen Stimme (*wtl.* gleichwie von ... kommandiert). Romulus griff Mettius Curtius an (*wtl.* macht einen Angriff auf; *Präsens statt Perfekt*), den bereits prahlenden Anführer der Sabiner; der (wurde) vom Pferd gestoßen (und) hat sich in einem Sumpf gestürzt, aus dem er nur mit Mühe entkommen ist. Durch die erneute Schlacht war der römische Staat siegreich (*Komparativ v. superus*).

### 24B

Alles Übel wird leicht im Entstehen vereitelt. Das Ungeborene wird schon für geboren angesehen, sooft es zu seinem Vorteil geschieht. Sei gegrüßt, Cäsar, die Todgeweihten grüßen dich. Lang ist der Weg durch Lehren, kurz und wirksam durch Beispiele.

Lernt (es), an die Gerechtigkeit gemahnt (zu sein) und nicht die Götter zu verachten!
Du aber, Römer, gedenk' über Völker mit Strenge zu herrschen, (Dies wird als Kunst dir zuteil) und lehr' sie die Weisen des Friedens: Schonung gebührt den Besiegten, doch Kampf den Frechen und Stolzen.
– Es ist für die Männer nicht der höchste Ruhm, den Fürsten gefallen zu haben. – Wehre den Anfängen! Das Heilmittel wird zu spät bereitet. – Kein Tag ohne Linie.

## 25A

Dann haben es die Sabinerinnen gewagt, (da) der Krieg wegen des ihnen angetanen Unrechts ausgebrochen war, sich mit fliegenden ( = aufgelösten) Haaren in weiblicher Angst um den Besiegten zwischen die fliegenden Pfeile zu werfen, um die feindlichen Linien zu trennen, wobei sie auf dieser Seite die Väter, auf jener Seite die Männer baten, sie sollten sich nicht ruchlos mit dem Blut des Schwiegervaters und Schwiegersohnes bespritzen. „Wenn die Verschwägerung, wenn die Ehe euch verdrießt, richtet den Zorn auf uns; wir (sind) die Ursache des Krieges, wir sind bei Männern und Vätern (die Ursache) der Morde; wir wollen lieber zugrunde gehen als ohne die einen und die anderen von euch als Witwen oder Waisen leben."

## 25B

Sobald die Helvetier von Cäsars Ankunft benachrichtigt worden sind, haben sie Gesandte zu ihm geschickt. Wohin du nur immer geblickt hast, wie die Furien sind dir die Ungerechtigkeiten entgegengetreten. Während die griechischen Städte allein zu herrschen wünsch(t)en, haben alle die Herrschaft verloren. Tiberius Gracchus wird so lange gerühmt werden, wie die Erinnerung an den römischen Staat fortbesteht (*Fut.*). Darauf ist die Belagerung für wenige Tage heftiger als eine Bestürmung gewesen, bis die Wunde des Feldherrn behandelt wurde.
Solange wir atmen, hoffen wir. Du verstehst zu siegen, Hannibal, den Sieg zu nutzen verstehst du nicht. Wenn wir lehren, lernen wir. Ihr werdet sein wie Gott und wissen, was gut und böse ist (*wtl.* wissend das Gute und Böse). Seefahrt ist not(wendig), Leben ist nicht notwendig. Und, einmal losgelassen, fliegt das Wort unwiderruflich dahin. – Wer im stillen gelebt hat (*wtl.* wer gut verborgen war), hat gut gelebt. – Durch Geduld wird alles leichter, was zu verbessern ein Unrecht ist. – Frage nicht, was morgen sein wird!

## 26A

Die Tat hat sowohl auf die Menge als auch auf die Feldherren Eindruck gemacht: Stille und ein plötzliches Schweigen ist bewirkt worden. Dann sind die Feldherren vorgetreten, um einen Vertrag zu schließen; und sie haben nicht bloß den Frieden, sondern aus den beiden (Staaten) einen einzigen Staat gemacht. Die (Königs)Herrschaft ist vereinigt, die ganze Regierung nach Rom verlegt worden.

**26B**

Ich werde schweigen, solange ich kann. Du mußt schweigen, solange du kannst! Wir wollen schweigen, solange wir können. Wenn du der Vorschriften (deines) Vaters eingedenk bist, wirst du ein guter und gerechter Mann werden. Verzeih, wenn ich etwas an dir versehen habe! Labienus hat verboten, irgend jemanden eher zu verwunden, als er gesehen hatte, daß Indutiomarus getötet worden ist.

Unter diesem Zeichen wirst du siegen. Friede (sei) mit euch! Ruhige Dinge (= Ruhendes) nicht in Bewegung setzen. Er ruhe in Frieden! (Der) Lobredner einer vergangenen Zeit. Zwischen den Waffen schweigen die Gesetze.

**27A**

Als Romulus schon in vorgerücktem Alter (stand und) einst auf dem Feld (= Exerzierplatz) eine Versammlung abhielt, um das Heer zu mustern, hat ein plötzlich mit großem Getöse und Donnern ausgebrochenes Unwetter den König in einer so dichten Sturmwolke verhüllt, daß sein Anblick der Versammlung entzogen war. Und danach war Romulus nicht (mehr) auf Erden. Die einen glaubten, der König wäre zum Himmel erhoben worden, die anderen argwöhnten stillschweigend, er wäre gewaltsam von den Senatoren (*wtl.* durch die Hände der Väter) zerrissen worden, denn er war dem Volk (*wtl.* der Menschenmenge) lieber gewesen als den Senatoren.

**27B**

Das Orakel hat geantwortet, daß entweder der König der Spartaner oder die Stadt fallen müßte. Die Hoffnung, sich der Stadt zu bemächtigen, ist für die Feinde geschwunden. Im übrigen meine ich, Karthago muß zerstört werden. Pelopidas hat den Entschluß gefaßt, das Vaterland zu befreien. Der Ruhm, das Vaterland befreit zu haben, ist Pelopidas zugekommen (*wtl.* ist bei P. gewesen). Die Redlichkeit wird gelobt und – friert! Genieße den Augenblick (*wtl.* Pflücke den Tag), möglichst wenig leichtgläubig gegenüber dem folgenden Tag! Indem wir lehren, lernen wir. Nicht für die Schule, sondern für das Leben lernen wir.

Durch Nachgeben wirst du als Sieger fortgehen.

Denke daran, im Mißgeschick den Gleichmut zu bewahren, nicht anders hast du dich im Glück von übertriebener Freude freigehalten ...!

**28A**

Dann ist Proculus Iulius in der Versammlung aufgetreten. „Romulus", sagte er, „der Vater dieser Stadt, ist mir heute bei Tagesanbruch (*wtl.* beim ersten heutigen Licht), (wie) plötzlich vom Himmel herabgekommen, entgegengetreten. Als ich, erfüllt von Scheu (und) voller Ehrerbietung, herangetreten war, sagte er: ,Geh (und) verkünde den Römern, die Götter wollten es so, daß Rom das Haupt des Erdkreises sei; deshalb sollen sie das Kriegswesen pflegen, und sie sollen wissen und (es) den Nachkommen überliefern, daß keine Macht den römischenWaffen

Widerstand leisten kann.' Als er dieses gesprochen hatte, sagte Proculus Iulius, „ist er in der Luft schwebend weggegangen."

## 28B

Kaiser Augustus ist in Nola, einer Stadt in Kampanien, gestorben. Er starb in demselben Schlafzimmer wie (*wtl.* in welchem) sein Vater Octavius, in der neunten Stunde des Tages, im 76. Lebensjahr, weniger 35 Tage (*wtl.* an Tagen). Die Ratsherren der Freistädte und der Siedlungsstädte haben den Leichnam – wegen der Jahreszeit bei Nacht – von Nola nach Bovillae gebracht, während er bei Tage in der Basilika jeder Stadt oder an der bedeutendsten Stelle der heiligen Tempel aufgebahrt wurde. In Bovillae hat der Ritterstand den Leichnam übernommen und nach Rom (= in die Stadt Rom) getragen und in der Vorhalle des Palastes aufgebahrt. Am Tag darauf ist ihm vor Cäsars Tempel von Tiberius die Leichenrede gehalten worden und vor der alten Rednerbühne von Drusus, Tiberius' Sohn. Dann ist er auf den Schultern der Senatoren auf das Marsfeld getragen und eingeäschert worden. Die Vornehmsten der Ritter, nur mit der Tunika bekleidet und mit bloßen Füßen, haben die Überreste aufgelesen und im Mausoleum zwischen der Via Flaminia und dem Ufer des Tibers beigesetzt, das er (= Augustus) erbaut hatte.

## 29B

Ich wünsche dir Glück, weil dich das höchste Ansehen der Provinz begleitet hat. Ich danke dir, daß du mir das Buch zurückgegeben hast. Es half den Häduern sehr, daß die Loire wegen der Schneemassen angeschwollen war. Nach der Niederlage bei Cannae kann daran, daß er (= der römische Senat) die Gefangenen nicht auslösen wollte, erkannt werden, daß die Standhaftigkeit des römischen Senats sehr groß gewesen ist. Da du schreibst, du möchtest wissen, in welchem Zustand der Staat ist: Es herrscht vollständige Uneinigkeit. Die Soldaten waren empört, weil sie ihren Anblick den Feinden melden könnten. Cäsar klagt die Häduer heftig an, weil er von ihnen nicht mit Getreide unterstützt wird. Ich lobe (es) und freue mich, daß dem Alter Ehre erwiesen wird. Weil nichts die Natur ändern kann, sind wahre Freundschaften ewig. Es ist eine große Wohltat der Natur, daß man sterben muß (*wtl.* daß es notwendig ist, zu sterben).
Über den Gechmack (*plur.*) kann man nicht streiten (*wtl.* darf nicht disputiert werden). – Trost für jeden im Leid ist, Unglücksgefährten zu haben. – Was zu beweisen war.

## 30A

Es ist früher bei den Senatoren Sitte gewesen, das Rathaus mit den Söhnen in der Knabentoga zu betreten. Dann hat man beschlossen, als eine wichtige Angelegenheit im Senat beraten und auf den folgenden Tag vertagt worden ist, daß diese Sache, über die man verhandelt hatte, eher entschieden würde, damit sie ja keiner ausplaudern würde. Die Mutter des Knaben Papirius, der mit seinem Vater im Rathaus gewesen

war, hat ihren Sohn ausgefragt, was die Senatoren denn im Senat besprochen hätten. Der Junge hat geantwortet, daß das verschwiegen werden müsse und nicht gesagt werden dürfe. Die Frau wird neugieriger (*wtl.* des Hörens begieriger), das Geheimnis der Sache und das Schweigen des Kindes veranlassen (*sing.*) sie (*wtl.* ihren Geist) zum Nachforschen: Sie fragt also eingehender (*wtl.* schärfer). Darauf faßt der Junge wegen des Drängens der Mutter den Plan zu einer witzigen Unwahrheit. Im Senat sei (darüber) verhandelt worden, sagte er, ob es für den Staat nützlicher zu sein schiene, daß einer zwei Ehefrauen hätte oder daß eine von zweien verheiratet wäre. Als sie (*wtl.* jene) das gehört hat, ist sie erschrocken, sie läuft ängstlich aus dem Haus (und) berichtet den anderen Ehefrauen.
Am Tag darauf kommt die Schar der Familienmütter zum Senat; weinend und flehend bitten sie, daß lieber eine von zweien verheiratet wäre als zwei von einer. Die Senatoren, die gerade das Rathaus betraten, wunderten sich, was jene Forderung der Frauen wollte. Der Knabe Papirius tritt in der Mitte des Rathauses auf und erzählt genau die Angelegenheit, wie sie gewesen war, was die Mutter zu hören verlangt hätte, was er der Mutter gesagt hätte. Der Senat lobt die Pflichttreue und den Scharfsinn des Jungen, er beschließt, daß von nun an die Knaben nicht mehr mit den Vätern ins Rathaus kommen sollten, ausgenommen nur er (*ille unus*). Papirius; und dem Knaben wurde später ehrenhalber der Beiname „Praetextatus" verliehen wegen der Klugheit seines Schweigens und Sprechens im Knabenalter.

**30B**
Die Belgier sind den Germanen benachbart; die jenseits des Rheins wohnen, mit denen sie andauernd Krieg führen. Aus dem Grunde, daß sie sich in beinahe täglichen Kämpfen mit den Germanen messen, übertreffen die Helvetier auch die übrigen Gallier an Tapferkeit.
Der Athener Neocles hat die Bürgerin Halicarnassia geheiratet, von der Themistokles geboren wurde. Da er bei (seinen) Eltern weniger beliebt war, weil er ausschweifend lebte und die Familie vernachlässigte, ist er von (seinem) Vater enterbt worden. Die Kränkung hat ihn nicht erschüttert.
Keine Erbschaft ohne Opfergaben. – Rom, das Haupt der Welt, beherrscht die Erde (*wtl.* lenkt die Zügel des runden Erdkreises). Wie der Herr, so die Schar. – Wir trachten nach Verbotenem, und immer begehren wir Dinge, die verweigert werden. – Durch Eintracht wachsen kleine Dinge, durch Zwietracht zerfallen die größten. – Kinder sind Kinder, Kinder treiben kindliche Dinge. – Wenn die Magd, Sibylla und Camilla zusammenkommen, beginnen sie, sowohl von diesem als auch von dieser und von jener zu schwatzen. – Wenn sie auch unten im Wasser sind, auch unten im Wasser versuchen sie zu schimpfen.

# Verzeichnis
## der im Lehrbuch vorkommenden lateinischen Vokabeln

# Sachweiser

(Vergl. auch das Vokabelverzeichnis Seite 102)